W0213449

Orison S. Marden

Dein Schlüssel zum Glück

Aus dem Amerikanischen
von Gabriel Stein

Allegria

Der amerikanische Titel des Originalmanuskriptes
THE JOY OF LIVING

Allegria ist ein Verlag der Ullstein Buchverlage GmbH, Berlin
Herausgeber: Michael Görden

ISBN-13: 978-3-7934-2056-9
ISBN-10: 3-7934-2056-9

© 2006 der deutschen Übersetzung
by Ullstein Buchverlage GmbH, Berlin
Alle Rechte vorbehalten
© der Originalausgabe 2006 by JMW Group, Inc.
Übersetzung: Gabriel Stein
Umschlaggestaltung: FranklDesign, München
Titelabbildung: Shivananda Ackermann
Gesetzt aus der Garamond
Satz: te.ha, thea@mails.at
Druck und Bindearbeiten: GGP Media GmbH, Pößneck
Printed in Germany

Wir hören viel über den Verlust unserer
natürlichen Ressourcen – die Kohle,
das Wasser, die Wälder –,
und es handelt sich tatsächlich um große
und schwerwiegende Verluste,
denen wir Beachtung schenken sollten.
Aber sie sind nichts im Vergleich zu den
enormen Verlusten, die jeder von uns
erleidet im Hinblick auf die möglichen
Ressourcen des Glücks.

Inhalt

Vorwort

In den 1970er-Jahren aß eine Gruppe von höchst einflussreichen und anregenden Autoren und Rednern nach einer vom Magazin *Success* geförderten Tagung zum Thema „Positives Denken" in Chicago zu Abend. Zu ihnen gehörten W. Clement Stone, Earl Nightingale, Norman Vincent Peale und Og Mandino. Jemand stellte die Frage: „Welche Autoren hatten den größten Einfluss auf Ihr Leben?"

W. Clement Stone antwortete: „Orison Swett Marden und Napoleon Hill."

Earl Nightingale sagte: „Fjodor Dostojewski und Marden."

Norman Vincent Peale erwiderte: „Die Bibel und Marden."

Und Og Mandino äußerte: „James Allen, Russel Conwell und Marden."

Wer ist dieser Mann, Orison Swett Marden, der einen so tief greifenden Einfluss auf einige der wichtigsten und motivierendsten Autoren und Redner des 20. Jahrhunderts ausübte? Um Sie mit diesem Mann näher bekannt zu machen, folgt nun ein biographischer Abriss, den die Herausgeber von Success verfasst haben.

Orison Swett Marden stammte aus äußerst ärmlichen Verhältnissen und stieg zum ersten Prediger des Unternehmertums seiner Zeit auf. Er wurde 1850 im ländlichen, rauen New Hampshire geboren. Seine Mutter starb, als Orison drei Jahre alt war, sein Vater, als er sieben war. Sein Vormund zögerte nicht lange und schickte ihn los, damit er sich als billige Aushilfskraft verdinge. Während des nächsten Jahrzehnts arbeitete Marden für eine Reihe von Familien in New Hampshire, die mit Vermessungswesen, Zimmerhandwerk, Mühlen und Landwirtschaft beschäftigt waren und ihn meistens schlimm misshandelten.

Er verbrachte seine Tage damit, große Steine zu schleppen, bis die Hände bluteten, und die Näche damit, zu waschen und zu schrubben, bis die Finger schrien vor Schmerz. Er wurde immer wieder geschlagen, getreten, ausgepeitscht und verhungerte beinahe. Ein Jahr lang wohnte er bei einem gehässigen Pastor und seiner Frau, Hunger leidend, gezwungen, mehrere Stunden in einer kalten, baufälligen Kirche zu beten. Die beiden schlugen ihn fast jeden Tag. Später erinnerte sich Marden mit einem Anflug von Humor, dass ihm manchmal ein Hieb erspart blieb, wenn die Ehepartner darüber stritten, wer als Nächster den Stock oder die Peitsche schwingen durfte.

Marden hat seine gesamte Jugendzeit in abgelegenen Wäldern verbracht und nie eine Zeitung oder ein Magazin gelesen, nie eine Bücherei oder eine große Menschenmenge gesehen und konnte sich nicht vorstellen, was eine Stadt ist. Dennoch liebte er das Lesen. In der Dachkammer eines Bauernhofes fand er ein Buch, das sein Leben verändern sollte. Es handelte sich um *Self Help* (Selbsthilfe) von Samuel Smiles, einem schottischen Arzt, Zeitungsherausgeber und Verwaltungsdirektor einer Eisenbahnlinie. 1859 in England veröffentlicht, enthielt das Buch Geschichten von Jungen, die sich mit eigener Kraft aus schrecklichen Verhältnissen befreit hatten. Smiles erklärte, dass Menschen sich über ihre Umstände erheben und alles erreichen können, was sie ins Auge fassen, wenn sie nur eine unerschütterliche Ausdauer und eine positive Einstellung zeigen. Bis zur Jahrhundertwende wurden von diesem Buch 250.000 Exemplare verkauft.

Dank der Anregungen aus Self Help verließ Marden im Alter von 17 Jahren seinen gesetzlichen Vormund und bemühte sich um eine Ausbildung. Jeden Tag arbeitete er mehrere Stunden als Kellner, später als Direktor verschiedener Hotels, um seinen Lebensunterhalt zu bestreiten, und tief in der Nacht widmete er sich den Studien, um seine Lern- und Lesefähigkeiten zu verbessern. Er arbeitete sich durch die New London Academy, Boston University, Harvard University Medical School und Boston University Law School (wo er 1882 gleichzeitig seine letzten beiden Diplome erhielt). Daraufhin begann er eine Unternehmerkarriere, indem er Restaurants und Feinschmeckerklubs eröffnete, Hotels und Grundstücke kaufte sowie das Magazin Success gründete.

Unterdessen beschloss er, der Samuel Smiles von Amerika zu werden, und schrieb ein Dutzend Selbsthilfebücher, um Menschen zu inspirieren, damit sie sich ihrer geistigen Größe bewusst würden. Im Alter von 32 Jahren finanziell abgesichert, sammelte er in seiner Freizeit Notizen der „Inspiration und des Beistands für Leute im Existenzkampf, die versuchen, jemand zu sein und in der Welt etwas zu bewirken". Dem Gelehrten Tom Lutz zufolge verband Marden die von Benjamin Franklin betonten Werte – Wirtschaftlichkeit, Selbstbeherrschung, Arbeit und Aufrichtigkeit – mit jenen, die dann Ralph Waldo

Emerson in seinen Werken vertrat – Selbstvertrauen, Scharfsinn, Wahrheit –, um eine ebenso überzeugende wie einzigartige amerikanische Philosophie zu entwerfen.

Von 1890 an wurde Marden von mehreren Katastrophen heimgesucht. Ein Ausbruch der Pocken ruinierte die Geschäfte in einem seiner Hotels. Eine Dürreperiode brachte seine Unternehmungen im Westen der USA zum Erliegen. Alle seine Manuskripte (etwa 5000 Seiten) fielen dem Feuer in einem anderen seiner Hotels zum Opfer. Doch unverzagt und gewappnet mit seiner optimistischen Einstellung kaufte er sich am nächsten Morgen für 25 Cent ein Notizbuch und begann, alles noch einmal neu zu schreiben.

Er rekonstruierte sein bevorzugtes Manuskript mit dem Titel P*ushing to the Front* (etwa: Bis zum Äußersten gehen), in welchem er die Geschichten großer Menschen erzählte, die oft in elender Armut aufwuchsen, sich trotz mehrfacher Rückschläge nicht unterkriegen ließen und am Ende triumphierten. Das Buch, 1891 bei Houghton-Mifflin veröffentlicht, wurde ein einflussreicher, in viele Sprachen übersetzter Bestseller, der ihm half, seinem Leben in finanzieller wie in emotionaler Hinsicht eine entscheidende Wendung zu geben. Er erhielt solch begeisterte Leserzuschriften, dass er sich entschied, das Magazin Success zu gründen. Darin wollte Marden Impulse und inneren Auftrieb geben, erfolgreiche Vorbilder nahe bringen und als Leitfiguren hochhalten für diejenigen, die ihnen nachstreben. Er befragte die erfolgreichsten und mächtigsten Personen seiner Zeit, und so besetzte das Magazin eine einmalige Nische in der amerikanischen Gesellschaft. Marden gab es heraus bis zu seinem Tod im Jahr 1924.

Das vorliegende Buch Dein Schlüssel zum Glück wurde aus zahlreichen Texten Mardens zusammengestellt. In seinen Schriften bezog er sich häufig auf die Arbeiten anderer Autoren, von denen viele nach wie vor bekannt sind, wohingegen manche die Wertschätzung einer breiteren Öffentlichkeit eingebüßt haben. Einige Verweise auf diese Letzteren wurden im Buch belassen, weil deren Worte den Text in einer Weise erhellen, dass sein Sinn, seine Vorstellungswelt und seine elegante Form stärker hervortritt. Obwohl uns ihre Namen nicht mehr vertraut und ihre Persönlichkeiten verborgen sind, kann man sie anhand ihrer Aussagen doch ein wenig kennen lernen. Und schließlich wollten sie gerade durch diese Zeugnisse wahrgenommen werden.

Gelegentlich hat Marden Zitate eingefügt, ohne die entsprechenden Quellen anzugeben. Auch hier gilt: Wo sie den Zusammenhang und die Lektüre bereicherten, blieben sie unangetastet.

Am Ende jedes Kapitels findet sich ein Abschnitt, eingeleitet durch die Worte: „Heute werde ich ..." Dann folgen mehrere Vorschläge für Tätigkeiten, mit denen Sie sofort beginnen können, um das Glück in Ihrem Leben sowohl quantitativ als auch qualitativ zu vergrößern. Diese Vorschläge waren ursprünglich nicht in Mardens Schriften enthalten. Sie wurden hinzugefügt in der Hoffnung, dass sie Ihnen helfen, aus diesem Buch noch mehr Gewinn zu ziehen. Manchmal bestehen die Vorschläge nur aus kurzen Hinweisen. In anderen Fällen schließen sich Erklärungen an, die Sinn und Zweck des jeweiligen Vorschlags deutlicher machen sollen. Der erste Satz jeder empfohlenen Tätigkeit ist in der ersten Person formuliert und ergänzt damit die Überschrift „Heute werde ich ...“ Wenn eine Erklärung hinzukommt, richtet sie sich in der Anredeform direkt an Sie, den Leser.

Nach den Vorschlägen erscheinen mehrere durchgezogene Linien, an deren Anfang das Symbol XX steht. Dort können Sie Ihre eigenen Ideen für Tätigkeiten notieren, die Sie gerne in Angriff nehmen würden. Diese „unbeschriebenen Zeilen“ wurden deshalb in das Buch mit aufgenommen, weil es sich bei den genannten Tätigkeiten lediglich um Vorschläge handelt. Sie haben einen doppelten Zweck, dienen sowohl als konkrete Übungen, die Sie vielleicht in Ihr Leben integrieren möchten, wie auch als inspirierende Denkanstöße, weitere Tätigkeiten Ihrer Wahl zu finden. Führen Sie also die vorgeschlagenen Tätigkeiten aus, wenn Ihnen danach zumute ist, und vervollständigen Sie diese dann durch Ihre eigenen Aktivitäten – oder benutzen Sie die Empfehlungen einfach als schöpferische Quelle, um zu überlegen, wie Sie die jeweiligen Inhalte am besten in die Praxis umsetzen können. Das ist Ihr Buch, in dem es um Ihr Leben geht, und nur Sie kennen die Mittel und Wege, die zu gesteigertem Glück führen.

Genießen Sie die Reise ... und seien Sie glücklich.

1.
Die Jagd nach dem Glück

O du, der sich grämt im Gefängnis des Wirklichen
und erfleht von den Göttern ein Reich, darin du regierst,
erkenne diese Wahrheit: Was du suchst, ist schon bei dir,
ist hier oder nirgendwo, könntest du nur sehen.

Wir wurden erschaffen, um glücklich zu sein. Das ist ein starker Antrieb in jedem Menschen. Von der Kindheit an haben wir alle das dringende Verlangen nach Spaß, Vergnügen, Spiel und Freuden, die von Dauer sind. Wenn man die Menschen auf der Erde nach ihren drei größten Wünschen fragte, würde die Mehrheit antworten: Gesundheit, Reichtum und Glück. Und wenn man sie dann aufforderte, ihren höchsten Wunsch zu nennen, würden viele sagen: Glück.

Doch wie wenige haben je das wahre Glück gefunden. Der Grund dafür liegt in der Art unseres Vorgehens: Als suchten wir eine Stecknadel im Heuhaufen, wissen die meisten von uns nicht, wo sie suchen müssen, noch wie sie überhaupt anfangen sollen zu suchen. Also haben wir uns darauf verlegt, dem Glück hinterherzujagen. Aber auf diese Weise wird es uns nicht zuteil. Es lässt sich nicht einfangen wie ein wildes Tier, dem Jäger nachstellen. Nie hat ein Mensch das Glück gefunden, indem er es über die ganze

Erde verfolgte. Es ist weder in unserer Nahrung noch in unseren Getränken, weder in unseren Kleidern noch in materiellem Besitz; weder in der inneren Erregung noch im ständigen Vergnügen oder im Gefühl, „eine gute Zeit zu verbringen“. Es ist nicht im Nervenkitzel; und es resultiert nicht aus der Erfüllung von Wünschen.

Trotzdem scheinen die meisten Menschen irgendwie zu glauben, dass Glück genauso gefunden werden könne wie Gold – und dass dabei ebenfalls ein glücklicher Zufall mit ihm Spiel sei.

Überall sehen wir, wie Leute etwas bekommen wollen, das ein Anderer hat und das ihrer Meinung nach das eigene Glück vergrößern würde, wenn sie es nur erwischen könnten. Doch die Anhäufung von Gütern, gleich welcher Zahl, kann einen niemals glücklich machen.

Jene, die unaufhörlich nach etwas trachten, das ihnen Glück bescheren soll, einem Genuss, der angeblich ihr Verlangen stillt, sind immer verzweifelte Sucher. Oft merken sie zu spät, dass dieses zügellose Streben den eigentlichen Seelenhunger nur noch verstärkt, dass „das Verlangen ebenso unstillbar ist wie das Meer und umso heftiger tobt, je mehr man seinen Forderungen nachgibt“.

Das Glück ist die Folge einer geistigen Einstellung. Es tut nicht gut, durch die Gegend zu hetzen, um irgendwo auf das Glück zu stoßen. Wer es nicht mit sich trägt, wird es niemals finden. Die Geschichte ist voller menschlicher Wracks, die ihr ganzes Leben lang wie wahnsinnig dem Glück nachjagten und es nie einholten. Wenn wir das Glück regelrecht verfolgen, müssen wir uns bewusst machen, dass wir, wo immer wir danach suchen, nur das finden werden, was wir von uns mit dabei haben.

Das heißt, wir können das Glück niemals außerhalb unserer selbst finden. Die Bibel betont ein ums andere Mal: Das Reich des Himmels – also das Reich des Glücks – ist in uns. Dennoch haben in allen Zeiten die meisten Menschen nach einem Reich des Glücks gesucht, das im Äußeren und keinesfalls im Inneren liegt.

Wahres Glück wird erlangt durch den würdigen Dienst am Anderen – indem wir unseren Beitrag in der Welt leisten, hilfsbereit sind und dank unserer Bemühungen die Erde zu einem besseren Aufenthaltsort machen.

Wahres Glück stellt sich nicht ein durch die Suche im Äußeren, sondern durch das Lauschen im Innern. Es ergibt sich aus der unablässigen Besinnung darauf, dass sich unsere tiefsten Sehnsüchte letztlich auf die einfachsten, stillsten und bescheidensten Dinge richten: Sonnenuntergänge, Freundschaften, ruhige Spaziergänge, Blumen, Mondlicht, ein wenig Freundlichkeit, angenehme Worte, kleine Hilfen unterwegs, ein paar Ermunterungen, Liebe und Zuneigung.

Unser wahres Glück kann nirgendwo anders gefunden werden.

* * *

Heute werde ich ...

> ... aufhören, nach dem Glück zu suchen, und es dort finden, wo ich gerade bin.
>
> ... mir vergegenwärtigen, dass ich, wenn ich nach dem Glück suche, es in meinem Innern zu finden

hoffe. – Wenn Ihr Leben nicht so glücklich verläuft, wie Sie es gerne hätten, wenn Sie nicht so glücklich sind, wie Sie es gerne wären, dann ist das ersehnte Glück nicht an einem äußeren Ort verborgen, sondern irgendwo in Ihrem Innern abhanden gekommen. Schauen Sie nach innen, um festzustellen, was Ihrem Glück im Wege steht.

... ich mir bewusst machen, dass wahres Glück nicht in der verzweifelten Suche nach der perfekten Kleidung (für eine Verabredung, einen Ausflug usw.) gefunden werden kann. Allzu oft versteifen wir uns auf den Gedanken, Glück bestünde darin, etwas zu entdecken, zu bekommen oder zu ergreifen, das uns fehlt (zum Beispiel ein schöneres Zuhause, in das wir einen neuen Freund oder eine andere bevorzugte Person gerne zum Abendessen einladen würden). Wir sagen: „Wenn ich doch nur ... hätte, wäre ich glücklich." – Inwieweit berauben Sie sich des Glücks, indem Sie meinen, es mangle Ihnen an etwas?

2.
Das Glück kann kultiviert werden

Es gibt keine Pflicht, die wir so sehr unterschätzen
wie die Pflicht, glücklich zu sein.
– Robert Louis Stevenson

Nur wenige Menschen erkennen, dass man das Glück kultivieren kann. Offenbar denken sie, die Fähigkeit, das Leben zu genießen, sei größtenteils erbbedingt, und sie könnten nicht viel tun, um ihr Naturell zu ändern. Tatsächlich sprechen sie in Bezug auf ihren eigenen Charakter oder den eines anderen Menschen häufig von „Veranlagung" – so als wäre der Charakter etwas Statisches, Unveränderliches.

Doch wir können lernen, können innerlich wachsen, können uns ändern.

In der Frühphase des Menschen war dessen Gehirn sehr primitiv, da die Anforderung hauptsächlich darin bestand, sich zu schützen und für Nahrung zu sorgen; aber allmählich musste das Gehirn höheren Ansprüchen gerecht werden und sich infolgedessen immer weiter entwickeln, um schließlich seine heutige Komplexität zu erreichen. Jede neue Anforderung der Zivilisation stellte das Gehirn vor eine neue Aufgabe, und es reagierte darauf und passte sich den modernen Bedürfnissen an.

Unser Gehirn ist äußerst anpassungsfähig, was sich an den Spuren zeigt, die unsere unterschiedlichen Beschäftigungen darin hinterlassen haben. Jedes unserer Interessen verlangt dem Gehirn eine bestimmte Leistung ab, und dementsprechend entwickelt es gewisse Fähigkeiten und Eigenschaften. Mit anderen Worten: Das Gehirn verädert sich, um die jeweiligen Ansprüche zu erfüllen. Es wird modifiziert durch unsere Tätigkeiten und Beweggründe, die wir ihm vorgeben, um das Leben mit all seinen Bedingungen und Zwängen zu meistern.

Betrachten wir zum Beispiel den Mut. Viele erfolgreiche Menschen ermangelten seiner in der Kindheit so sehr, dass sie im Beruf völlig zu scheitern drohten. Doch ihr Mut wurde gestärkt durch Intelligenz-Training – indem sie Selbstvertrauen entwickelten, sich immer wieder Mut machten und über heldenhafte Taten nachsannen.

Obwohl die meisten Menschen einräumen, dass die Ausbildung einer speziellen beruflichen Fähigkeit Jahre dauert und dass man sich bestimmte Charaktereigenschaften wie etwa Mut aneignen kann, halten sie doch an der Überzeugung fest, dass das Glück – das ihnen mehr bedeutet als alles andere – dem willkürlichen Gang der Ereignisse zuzuschreiben sei. Es werde einem, wenn überhaupt, ohne Übung oder Lernen zuteil, während die übrigen lohnenswerten Dinge im Leben endlose Mühen erforderten. Sie vergessen aber, dass viele Menschen unglücklich geworden sind, gerade weil sie sich an diesen Zustand gewöhnten. Die Neigung, zu klagen, zu kritisieren, nach Fehlern zu suchen, über Kleinigkeiten zu murren oder immer nur die Schattenseiten zu sehen, ist – zumal in jungen Jahren – eine der verhängnisvollsten Gewohnheiten, die man annehmen kann, denn mit der Zeit macht sie den Betreffenden zum Sklaven.

Ich kenne eine Frau, die sich einer Operation unterzog, um einen Tumor entfernen zu lassen. Alles in ihrem jetzigen Leben leitet sich aus der damaligen Situation ab. Sie kann über kein Thema sprechen, ohne ihren „chirurgischen Eingriff" immer wieder hervorzuheben. Er dient ihr als Vorwand, mit dem sie sämtliche Missstände in häuslichen Angelegenheiten rechtfertigt.

Wie viele Menschen sich sträuben, die eigenen Probleme loszulassen! Sie haben so lange damit gelebt, dass diese gleichsam zu ihren Freunden geworden sind, und scheinen ein krankhaftes Vergnügen daran zu finden, sie regelrecht zu pflegen, zur Schau zu stellen und bei jeder Gelegenheit wieder „durchzukauen".

Eine der schwierigsten Lektionen besteht darin einzusehen, dass wir in erster Linie das Produkt unseres Denkens sind; dass Umwelt, Erziehung und Gewohnheit wesentlich stärker durch unsere Lebensweise als durch Veranlagung bedingt werden. Paulus war wirklich ein Wissender, als er zu seinen Schülern sagte: „Verwandelt euch, indem ihr euren Geist erneuert."

Wir können unsere Willenskraft so beeinflussen, dass sie sich auf die Sonnenseite des Lebens richtet – auf Ziele, welche die Seele erheben, und dadurch eine Gewohnheit ausbilden, die sich am Glück und am Guten orientiert und uns rundum bereichert.

„Glück", schreibt ein begabter Autor, „ist das größte Paradox in der Natur. Es kann in jedem Boden gedeihen, unter allen Bedingungen existieren. Es trotzt der Umwelt, weil es von innen kommt. Glück besteht nicht im Haben, sondern im Sein; nicht im Besitz, sondern in der Freude. Was ein Mensch hat, kann ihn von anderen abhängig machen; aber was ein Mensch ist, verbleibt in ihm allein. Was man im Leben erhält, ist nur eine Erwerbung; aber was man erlangt, ist Wachstum.

Glück ist die warme Glut eines Herzens, das mit sich im Frieden ist. Ein Märtyrer auf dem Scheiterhaufen mag ein Glück empfinden, um das ihn ein König auf dem Thron vielleicht beneidet. Der Mensch ist der Schöpfer seines eigenen Glücks; es ist das Aroma eines harmonisch und mit hohen Idealen gelebten Lebens. Glück ist die Wonne der Seele im Besitz des Unantastbaren.“

Es ist die Pflicht eines jeden, einen glücklichen, frohen Charakter zu entwickeln – sowie einen freundlichen Blick und die Kraft, gegenüber allen Menschen Gutwilligkeit auszustrahlen. Nicht nur wird deren Leben dadurch aufgehellt; die Reaktion auf unsere liebevolle Bemühungen trägt auch dazu bei, dass wir jene einzigartige Persönlichkeit, jene Schönheit des Charakters, jenes seelische Gleichgewicht und jene Gelassenheit zur Entfaltung bringen, die den größten uns bekannten Reichtum darstellen.

„Sei froh!“, fordert uns ein hilfreicher Autor auf. „Auch wenn du alles gesagt hast, was es zu sagen gibt über den Schmerz, die Trauer, die Enttäuschung, über Selbstsucht und Unrecht, die wie dunkle Schatten über die Erde fegen, über die Kürze der Tage und die Gewissheit der Nächte, bleibt doch glücklicherweise wahr, dass das Universum vibriert im Gesang der Freude.“

Eines der wirksamsten Erfolgsrezepte besteht darin, sich in so frühem Alter wie möglich die Denkweise anzugewöhnen, dass uns das Beste – und nicht das Schlechteste – geschehen wird; dass wir keine armen, elenden Geschöpfe sind, ständig verfolgt von den Feinden unseres Lebens und unseres Glücks, sondern geschaffen wurden, um von quälenden Sorgen, Ängsten, Ahnungen frei zu sein.

„Entwickle eine philosophische Denkart", empfiehlt Ella Wheeler Wilcox. „Wenn du nicht das hast, was du magst, dann mag das, was du hast, bis du deine Verhältnisse ändern kannst.

Vergeude deine Kraft nicht durch Hass auf dein Leben; finde darin etwas, das wert ist, geschätzt und genossen zu werden, während du beharrlich daran arbeitest, es zu dem zu machen, was du ersehnst. Sei jeden Tag glücklich über eine Sache, denn das Gehirn ist der Gewohnheit unterworfen – du kannst ihm nicht beibringen, für einen Augenblick glücklich zu sein, wenn du ihm erlaubst, jahrelang unglücklich zu sein."

Wir sollten unserem Geist eine verzerrte, dunkle Vorstellung – ob Angst, Sorge, Selbstsucht, Hass oder Neid – ebenso wenig gestatten, wie wir einen Dieb in unser Haus einlassen. Wir sollten erkennen, dass solche Vorstellungen noch schlimmer sind als Diebe, weil sie uns der Tröstung, des Glücks und der Zufriedenheit berauben. Wir sollten lernen, dass diese Feinde kein Recht haben, sich unserem Bewusstsein aufzudrängen. Behandeln wir sie wie Eindringlinge, die wir sofort hinauswerfen, untersagen wir ihnen, unseren Geist mit Bildern der Verzweiflung anzufüllen. Denn es ist fast unmöglich, sich ihrer zu entledigen, sobald sie einmal Zutritt erhalten haben, doch relativ leicht, sie fernzuhalten, wenn man das Geheimnis kennt, wie sie von vornherein ausgeschlossen werden können.

Und worin besteht dieses Geheimnis? Diejenigen, die ständig traurig oder düster sind, befinden sich in einem solchen Zustand, weil ihr Geist von den entsprechenden Gedanken beherrscht wird. Würden sie einfach die gegensätzlichen Gedanken hegen, könnten sie ganz anders geartete Ergebnisse hervorbringen. Unsere Gemütsverfassung beruht in erster Linie auf Gewohnheit, und es ist nicht sehr schwer, diese zu ändern.

Man erzählt die Geschichte einer älteren Frau, der Witwe eines Soldaten, der im amerikanischen Bürgerkrieg umkam. Sie ging zu einem Fotografen, um eine Aufnahme von sich machen zu lassen, und wurde vor die Kamera gesetzt; dabei hatte sie den gleichen strengen, kalten und bedrohlichen Blick, der den Kindern in der Nachbarschaft Angst einjagte. Plötzlich sagte der Fotograf, als er den Kopf übers schwarze Tuch hob: „Hellen Sie Ihren Blick etwas auf!"

Sie versuchte es, aber der finstere, schwermütige Blick wollte nicht von ihr weichen.

„Schauen Sie ein wenig freundlicher!", mahnte der Fotograf mit leidenschaftsloser, aber fester und gebieterischer Stimme.

„Hören Sie", erwiderte die Frau scharf, „wenn Sie glauben, dass eine alte, traurige Frau freundlich schauen kann, dass Eine, die verstimmt ist, heiter werden kann, sobald man sie dazu auffordert, dann wissen Sie nichts über die menschliche Natur. Es braucht einen Anstoß von außen, der aufmuntert."

„O nein, den braucht es nicht! Man kann von innen her darauf hinarbeiten. Versuchen Sie's noch mal", sagte der Fotograf gutmütig.

Sein Tonfall und seine entgegenkommende Art flößten ihr Vertrauen ein, und so unternahm sie einen weiteren Versuch, diesmal mit mehr Erfolg.

„Das ist gut! Wunderbar! Sie sehen zwanzig Jahre jünger aus", rief der Künstler, als er den flüchtigen Glanz einfing, der ihr ausgemergeltes Gesicht aufhellte.

Mit einem seltsamen Gefühl trat sie den Heimweg an. Dies war das erste Kompliment, das sie seit dem Tod ihres Mannes bekommen hatte, und es hinterließ eine angenehme Erinnerung. Als sie ihr kleines Landhaus erreichte, blickte sie lange in den Spiegel. „Vielleicht ist da doch was dran", sagte sie sich, „aber ich werde warten und mir das Foto anschauen."

Als der Fotograf kam und ihr das Foto zeigte, erlebte sie eine Art Auferstehung. Das verlorene Feuer der Jugend schien das Gesicht neu belebt zu haben. Sie betrachtete es lange und gewissenhaft und sagte dann mit klarer, fester Stimme: „Wenn ich's einmal geschafft habe, kann ich's wieder schaffen."

Während sie sich dem kleinen Spiegel über der Kommode näherte, sagte sie: „Sei fröhlicher, Catherine", und das alte Licht blitzte abermals auf.

„Schau ein wenig freundlicher!", befahl sie, und ein sanftes, strahlendes Lächeln breitete sich über dem Gesicht aus.

Die Nachbarn bemerkten schon bald die Veränderung, die bei ihr eingetreten war. „Wie kommt's, Mrs. A., Sie werden immer jünger! Wie machen Sie das?"

„Alles geschieht von innen her. Man muss nur innerlich heiterer werden und sich wohl fühlen.“

Jedes Gefühl zielt darauf ab, den Körper entweder schöner oder hässlicher zu gestalten. Sorge, Ärger, ungezügelte Leidenschaft, Verdrießlichkeit, Unzufriedenheit, jede unredliche Handlung, jede Falschheit, jedes Gefühl von Neid, Eifersucht, Angst hat einen negativen Einfluss auf den Körper und ist ebenso gesundheitsschädlich wie ein Gift. Professor Henry James von der Harvard University, ein Experte in den Wissenschaften des Geistes, sagt: „Jeder Hauch von Tugend oder Laster hinterlässt seine noch so geringfügige Spur. Genau genommen wird keine unserer Taten je ausgelöscht.“

Äußerlich schön sein heißt nichts anderes, als innerlich schön sein.

Kein Mensch kann wahrhaft glücklich oder erfolgreich sein, wenn er nicht lernt, die eigenen Stimmungen im Zaum zu halten. Und der Schlüssel dafür liegt im Wissen, dass man selbst über sein Denken und seinen Organismus gebietet. Das ist eine wunderbare Methode zur Selbstbeherrschung und zum persönlichen Glück.

Sie meinen vielleicht, Ihr Temperament sei nicht zu zügeln, die Explosion ereigne sich, bevor Sie in Ruhe nachdenken können. Haben Sie je in Betracht gezogen, dass das Gehirn nur ein Teil Ihrer selbst ist und gänzlich Ihrer Kontrolle unterliegt; dass dieser großartige menschliche Organismus außerhalb des Denkens existiert; dass Sie durch geeignete Übung jeden Gedanken steuern und jedes Gefühl bändigen können – damit der Organismus nie aus den Fugen gerät, das Temperament nie mit Ihnen durchgeht? Sie sind der Mensch hinter dem Gehirn.

Machen Sie die Probe aufs Exempel. Achten Sie darauf, dass es einige Leute gibt, in deren Gegenwart Sie sich nie vorstellen könnten, die Selbstbeherrschung zu verlieren, wie sehr man Sie auch provozierte. Da ist jemand, dessen ruhige Art Sie davon abhielte, noch unter den ärgerlichsten Umständen in Verlegenheit zu geraten. Jeder von uns kennt eine Person, vor der nichts in der Welt uns außer Fassung bringen könnte. Doch einem Angestellten gegenüber, den wir lediglich als Rädchen in unserem Geschäftsbetrieb ansehen und weder respektvoll noch mit Sympathie behandeln, oder zu Hause, wo wir uns vielleicht kaum eingeschränkt fühlen, werden wir schon beim geringsten Anlass zum Nervenbündel. Das beweist, dass wir uns weitaus besser im Griff haben können, als es scheint. Noch der aufbrausendste Mensch würde bei einem Empfang oder Abendessen seine Wut nicht an den vornehmen Gästen auslassen, egal, in welcher Weise man ihn beleidigte. Eine solche Reaktion würde ihm nicht einmal im Traum einfallen. Wenn wir jedem, sogar dem bescheidensten Menschen die gebührende Anerkennung zuteil werden ließen und auch uns genügend respektierten, sollte uns die Selbstbeherrschung kaum Mühe bereiten.

„Wenn du es dir vergegenwärtigst und oft darüber nachsinnst, wird das Glück zu einer Gewohnheit und einer Kraft, die dir sehr viel Gutes beschert“, sagt Margaret Stowe. „Wir können die Gewohnheit ausbilden, stets die positive Seite der Dinge zu sehen. Wir alle besitzen die Fähigkeit, unseren Willen so zu trainieren, dass die Gedanken sich auf Ziele richten, die eher Fortschritt und Glück verheißen als das Gegenteil.

Wenn wir immer wieder versuchen, froh und glücklich

zu wirken, ob wir uns so fühlen oder nicht, wird uns dieser Zustand allmählich zur Gewohnheit werden."

Wir können uns angewöhnen, glücklich zu sein, indem wir damit beginnen, noch aus kleinsten Freuden den größten Gewinn zu ziehen – anstatt auf überwältigende Freuden zu warten. Viele von uns nehmen sich nicht die Zeit, die angenehmen Seiten des Lebens zu genießen. Wir trampeln die Veilchen und andere schöne Blümchen nieder, um in den Besitz der größeren Blüten zu gelangen. Wir wollen mit aller Macht hoch hinaus, wo doch gerade die vielen unscheinbaren Dinge, die einfachen Vergnügen Glück schenken.

Es ist unser zwanghaftes Streben nach imponierenden Ergebnissen, das uns daran hindert, den Alltag auszukosten und wenigstens von einem Zehntel der Wohltaten zu profitieren, die jeder Augenblick uns gewährt.

Jemand sagte: „Der Komet leuchtet nur dann und wann am Himmel auf, der Sonnenschein jedoch ist ein täglicher Segen; eine Pflanze wäre dumm, wenn sie auf das Erscheinen eines Kometen wartete, um ihre Blüten zu öffnen. Es ist wenig wahrscheinlich, dass du heute eine außergewöhnliche Freude erfährst, aber da werden zahlreiche kleine Freuden sein. Mach aus jeder das Beste. Genieße den freundlichen Brief, der morgens mit der Post kommt, das gemütliche Zimmer, in dem du arbeitest, die erfreuliche Bekanntschaft, die du beim Abendessen anknüpfst, die Gelegenheit, die sich dir bietet, dem heimwehkranken Kollegen im Büro nebenan ein paar aufmunternde Worte zu sagen. Das Glück hat nichts Geheimnisvolles, noch ist es eine Sache des Zufalls, wie einige uns einreden wollen. Stattdessen ist es eines der praktischsten

Dinge in der Welt, und wer gelernt hat, aus einfachen täglichen Wohltaten den größten Nutzen zu ziehen, kennt auch dessen wesentliches Geheimnis."

Sie denken vielleicht, Ihre tägliche Routine sei äußerst gewöhnlich, langweilig und schal. Aber dies bedeutet nicht zwangsläufig, dass das Leben enttäuschend ist, eben weil es nicht an die rosigen Vorstellungen Ihrer Jugendträume heranreicht; es bedeutet, dass Sie sich das Glück nicht zur Gewohnheit gemacht und daher auch nicht gelernt haben, den Ablauf Ihres Leben zu schätzen. In Ihrer unmittelbaren Umgebung mag es Menschen geben, die ein ähnliches Leben führen wie Sie, die daraus jedoch ihr Glück beziehen. Hören Sie nicht das herzhafte Lachen von Arbeitskollegen oder Leuten, die in den gleichen Verhältnissen leben? Diese finden eine Möglichkeit, die Umstände spielerisch zu behandeln, wohingegen Sie derentwegen förmlich versauern. Die anderen finden Freude daran, während Sie überhaupt nichts interessant finden.

Aber wie oft treffen wir Menschen, die dem Gedanken Ausdruck verleihen, dass sie vom Leben nicht viel bekommen. Gerade diese Einstellung, herausfinden zu wollen, wie viel sie vom Leben bekommen können, führt dazu, dass ihnen so wenig zuteil wird. Diejenigen dagegen, die ein Höchstmaß ins Leben einbringen, bekommen auch das Meiste. Ein Bauer könnte untätig herumsitzen und schauen, wie viel er ohne Aussaat und Anpflanzung aus seinem landwirtschaftlichen Betrieb herauszuholen vermag. Für viele Leute scheint das Leben etwas zu sein, das es auszuplündern gilt, anstatt es bis zum Äußersten zu pflegen. Doch gerade jene Menschen, die am meisten geben, empfangen auch am meisten.

Genauso wie der tüchtige Bauer ein Stück Land bestellt, um dadurch die Früchte seiner Arbeit zu ernten, müssen wir so viel wie möglich zum Leben beitragen, es so reich wie möglich gestalten. Bringen Sie Liebe und Zufriedenheit, Fröhlichkeit und uneigennützige Dienstleistung ein, dann werden Sie sich nicht darüber beklagen, dass Sie so wenig vom Leben erhalten, dass die Welt keine Belohnungen für Sie bereithält.

Wahres Glück stellt sich ein, wenn wir das Höchste in uns fördern und entfalten. Selbstsucht kann niemals Glück bringen, weil sie ständig die Habgier verstärkt und genau jene Verhaltensweisen begünstigt, die uns vom Glück entfernen. Ohne reines Herz, unverdorbenen Geist, edle Absicht, uneigennützige Ziele und Wünsche für das Wohlergehen der anderen wird man kein Glück finden.

Die Gewohnheit, glücklich zu sein, ist für unsere Gesundheit ebenso wichtig wie die Gewohnheit zu arbeiten oder etwas anderes zu tun; es ist wunderbar, sich der Kunst des Glücks zu widmen, die darin besteht, den alltäglichen Erfahrungen Freude abzugewinnen.

Welch großartige Sache, aus Gewohnheit jedem Schatten, der sich nähert, den Rücken kehren zu können und sich dem schwachen oder hellen Licht zuzuwenden!

Entscheiden Sie sich ganz bewusst dafür, die Dinge mit Humor zu betrachten. Egal, wie hart oder unergiebig Ihnen die Umgebung erscheinen mag – sie hat auch einen heiteren Aspekt, vorausgesetzt, Sie erkennen ihn. Die Fähigkeit zum Frohsinn ist selbst unter schwierigen Umständen mehr wert als die Anhäufung von materiellen Reichtümern, die Sie nur traurig stimmt. Beschließen Sie, ein Optimist zu werden, dem nichts von einem Pessimisten anhaftet, und den eigenen Glanz auf all Ihren Wegen auszustrahlen.

Angenommen, der Weg erscheint Ihnen dunkel, Sie sehen kein Licht, keine Öffnung. Gehen Sie dennoch nicht davon aus, dass es für Sie keinen Ausweg gibt, dass Sie keine Möglichkeit haben werden, das zum Ausdruck zu bringen, was in Ihrem Innern eingeschlossen ist, nur weil Sie zufällig gerade mit widrigen Verhältnissen zu kämpfen haben und meinen, sich nicht davon befreien zu können. Warten Sie ab, arbeiten Sie weiter und seien Sie guten Mutes. Vergeuden Sie Ihre Zeit nicht mit fruchtloser Verzweiflung. Kultivieren Sie das Glück. Erinnern Sie sich: Wenn eine Tür ins Schloss fällt, geht immer eine andere auf.

Bemühen Sie sich um das Glück wie um eine Kunst oder eine Wissenschaft.

Schämen Sie sich, unglücklich zu sein – so wie Sie sich schämen würden, ungewaschen zu sein.

* * *

Heute werde ich ...

> ... den Morgen beginnen mit dem Entschluss, im Tag etwas zu finden, das ich freudig genieße. – Suchen Sie in jeder Erfahrung nach dem Samen des Glücks. Sie werden überrascht feststellen, wie vieles von dem, was zunächst unangenehm oder hoffnungslos erschien, entweder eine lehrreiche oder eine amüsante Seite hat.

... darauf achten, über wie viele Dinge ich einfach glücklich sein muss. – Welche Kümmernisse Ihnen auch zu schaffen machen – in diesem Augenblick haben Sie die gleiche Sonne, den gleichen Mond und die gleichen Sterne über sich wie jeder Andere, den Sie für glücklicher halten; Sie haben die gleichen Möglichkeiten, die Schönheit auszukosten, einen Ihnen unbekannten Menschen zu treffen und mit ihm sich anzufreunden oder eine Liebesbeziehung aufzubauen; Sie haben ein Dach über dem Kopf, ein warmes Zuhause und den nötigen Komfort wie viele Menschen.

... mir Folgendes ins Gedächtnis zurückrufen: Wenn ich nicht so glücklich bin, wie ich es mir wünsche, dann bin ich derjenige, der mich daran hindert. Heute werde ich über das Glück anstatt über das Unglück nachsinnen. „Nichts ist gut noch schlecht, das Denken macht's dazu." *(Shakespeare)* – Egal, wie dürftig Ihnen die eigene Umgebung erscheint, es gibt genügend Menschen in der Welt, die Sie um Ihren Besitz und Ihre Chancen beneiden würden. Schauen Sie sich einmal um und vergegenwärtigen Sie sich all die Dinge, über die Sie glücklich sein sollten und die so viele andere glücklich machen würden, wenn sie jene hätten. Eventuell ist es nicht mehr, als immer heiß duschen zu können oder über eine Stereoanlage zu verfügen, mit der Sie die großen Musiker und Sänger von heute und gestern hören – Melodien also, die Sie in jeder Stimmung besänftigen.

... mir verdeutlichen, dass Glück nicht nur aus großen Ereignissen resultiert. – Man braucht keine Yacht, ein Sommerhaus am Strand oder ständige Reisen ins Ausland, um ein glücklicher Mensch zu sein. Viele sind glücklich, ohne je solche Annehmlichkeiten gehabt zu haben. Glück kann dadurch kommen, dass man mit seinem Haustier oder dem des Nachbarn spielt, sich Zeit nimmt, um mit einem Kind zu sprechen, einen Garten bebaut und den Tag nahen sieht, wenn die Blumen auf dem Tisch jene sind, die von einem bewässert und versorgt wurden, die Gemüsesorten jene, die dank eigener Hege und Pflege zur Reife gelangten; oder dass man einen Freund anruft und mit ihm eine Radtour, einen Spaziergang oder eine Fahrt zu einem fremden Ort unternimmt.

... mir bewusst machen, dass Glück nicht unbedingt von Betriebsamkeit abhängt. – Es kann einfach darin bestehen, dass man sich den Nachmittag über Zeit nimmt, ein bestimmtes Buch zu lesen, dessen Lektüre man immer wieder aufgeschoben hat; dass man in den Park geht und meditiert – oder zu Hause bleibt und endlich die Garage aufräumt, den Speicher, den Keller, das Arbeitszimmer, um so ein Versprechen einzulösen, das man sich selbst gegeben hat.

... ich den Vorsatz fassen, glücklich zu sein, mich auf das Beste anstatt auf das Schlechteste zu besinnen, eingedenk der Worte von Abraham Lincoln:

„Die meisten Menschen sind so glücklich, wie sie glücklich sein wollen.“

3.
Bestätigungsformeln und offene Selbstgespräche

Ich bin so, wie ich es mir vorstelle –
und kann gar nicht anders sein.

Ein berühmter Musiklehrer in New York, der Opernsänger unterrichtet, empfahl einer jungen Frau mit vielversprechenden musikalischen Fähigkeiten, doch ohne Selbstvertrauen und sicheres Auftreten, sich jeden Tag vor den Spiegel zu stellen, eine stolze Haltung einzunehmen und zu ihrem Abbild zu sagen: „Ich, ich, ich" – mit der ganzen Betonung und Energie, die sie aufzubieten vermochte. Zusätzlich forderte er sie auf, sich dabei vorzustellen, dass sie die führende Opernsängerin ihrer Zeit sei. Er erklärte ihr, dass sie, sobald sie sich bejahen und ständig diese Rolle spielen würde, die Gewohnheit annähme, selbstbewusst zu sein, was für sie einen sehr großen Wert haben werde. „Bekennen Sie sich unerschrocken und mutig zu Ihrer Kunst, und bewahren Sie eine Würde und eine Kraft, die Ihrem Charakter entspricht." Dieser Ratschlag, den sie genau befolgte, war für das schüchterne Mädchen wichtiger als eine ganze Reihe von Musikstunden. Indem sie ihn in die Tat umsetzte, wuchs ihr Selbstvertrauen auf wundersame Weise, und bald war sie von ihrer Schüchternheit geheilt.

Die Gewohnheit, das als lebendige Wirklichkeit zu beanspruchen, was wir ersehnen, übt eine ungeheure Anziehungskraft aus. Es liegt eine geheimnisvolle Macht im gesprochenen Wort, in der eindringlichen Bestätigung eines Gedankens, der einen tiefen Eindruck im Unterbewusstsein hinterlässt, woraufhin dann die stillen Kräfte in unserem Innern damit fortfahren, das Wort in Fleisch zu vewandeln, dem bekräftigten Gedanken konkrete Form zu geben.

„Denn gleichwie der Regen und Schnee vom Himmel fällt und nicht wieder dahin zurückkehrt“, sagt der Prophet Jesaja (55, 10-11), „sondern feuchtet die Erde und macht sie fruchtbar und lässt wachsen, dass sie gibt Samen, zu säen, und Brot, zu essen, so soll das Wort, das aus meinem Munde geht, auch sein: Es wird nicht wieder leer zu mir zurückkomen, sondern wird tun, was mir gefällt, und ihm wird gelingen, wozu ich es sende.“

Die ständige nachdrückliche Bekräftigung solcher Sätze wie: „Ich bin gesund; Ich bin Lebenskraft; Ich bin Macht; Ich bin Prinzip; Ich bin Wahrheit; Ich bin Gerechtigkeit; Ich bin Schönheit, eben weil ich nach dem Bild der Vollkommenheit, der Harmonie, der Wahrheit, der Gerechtigkeit, der unvergänglichen Schönheit geschaffen wurde“, führt zu der Übertragung dieser Botschaften auf unser Leben, und zwar in dem Maße, wie wir an unsere Worte glauben.

Große Leistungen werden vollbracht durch die immer wieder gefestigte Überzeugung, dass wir alles schaffen können, was wir in Angriff nehmen. Doch viele von uns schenken ihren Äußerungen sowie der Tatsache, dass die artikulierten Gedanken lebendige Kräfte sind und Wirklichkeit werden, kaum Beachtung. Trotzdem manifestieren sich diese Worte ständig in unserem Körper, sie prägen unser Gesicht, unseren Ausdruck und formen unser Schicksal gemäß ihren Inhalten.

Wer sich zum Beispiel auf materielle Dinge konzentriert und viel Geld verdienen will, glaubt und weiß und bekräftigt, dass er es schaffen wird. Er sagt sich jeden Morgen nicht: „Nun, ich hab' keine Ahnung, ob ich heute etwas erreichen werde. Ich versuch's halt mal. Vielleicht gelingt's mir, vielleicht aber auch nicht." Stattdessen erklärt er in ebenso einfacher wie positiver Weise, dass er seine Wünsche verwirklichen kann, und beginnt dann, jene Maßnahmen zu ergreifen, die ihn seinem Ziel näher bringen.

Es liegt eine enorme schöpferische Kraft in dem feierlichen Versprechen, das man sich gibt, der energischen Bestätigung, der mutigen Selbstbehauptung, der unbedingten Bejahung des Ich, des „Ich bin" – getragen von der beharrlichen Anstrengung, den gewünschten Zustand zu erlangen. Wer diese Methode einmal richtig angewandt hat, wird ihre Wirksamkeit nie mehr bezweifeln.

Allerdings müssen Sie glauben, was Sie bekräftigen. Wenn Sie erklären: „Ich bin Gesundheit oder ich bin Wohlstand", jedoch nicht davon überzeugt sind, wird Ihnen diese Formel keine Hilfe sein.

Ob Sie sich dementsprechend fühlen oder nicht – bekräftigen Sie einfach, dass Sie sich so fühlen müssen, dass Sie sich so fühlen werden, dass Sie sich tatsächlich so fühlen, dass Sie die Fähigkeit besitzen, Ihr Bestes zu tun, auch wenn Sie noch nicht in dieser Richtung aktiv sind. Äußern Sie Ihre Bestätigungsformel mit Entschlossenheit und

Nachdruck, dann wird diese sich auch bewahrheiten. Hörbare Autosuggestion, die lediglich eine Fortführung oder Erweiterung des Prinzips der inneren Stärkung darstellt, ist eines der wichtigsten Hilfsmittel zur Persönlichkeitsentfaltung. Dieses konsequente und aufrichtige Selbstgespräch weckt die schlummernden Kräfte im Unterbewusstsein auf noch wirksamere Weise als das bloße Nachdenken über sie.

Gesprochenen Worten wohnt eine Kraft inne, die nicht entfesselt wird, wenn man sich die gleichen Worte durch den Kopf gehen lässt. Durch Artikulation prägen sie sich dem Geist umso tiefer ein – genauso wie uns ein großartiger Vortrag oder eine gelungene Predigt weitaus mehr beeindruckt und inspiriert als die Lektüre des gedruckten Textes. Eine Lebendigkeit, ein besonderer Elan begleitet das gesprochene Wort – zumal wenn es aufrichtig und leidenschaftlich kundgetan wird –, die sich durch reine Reflexion nicht einstellen. Indem Sie sich also einen festen Entschluss laut, eindringlich, ja heftig immer wieder vorsagen, werden Sie ihn wahrscheinlich eher in die Tat umsetzen, als wenn Sie nur still darüber nachgrübeln.

Wir können zu unserem Selbst sprechen, wie wir auch zu einem Kind sprechen würden; und wir wissen aus Erfahrung, dass es unseren Vorschlägen lauschen und dementsprechend reagieren wird. Im Grunde übermitteln wir ständig Vorschläge oder Befehle an dieses Selbst. Sie sind vielleicht nicht immer hörbar, erreichen es aber auch im schweigsamen geistigen Kontakt. Unbewusst erteilen wir ihm Rat, machen ihm Vorschläge und versuchen es in bestimmter Weise zu beeinflussen.

Zahlreiche Menschen haben ihre inneren Feinde, die Feinde des Friedens und des Glücks beseitigt, ihr Selbstvertrauen um das Doppelte oder Vierfache vergrößert und ihren Unternehmungsgeist, ihre Handlungsfähigkeit enorm verstärkt; sie sind buchstäblich anders geworden, indem sie Zwiesprache hielten mit sich und ihr Selbst bestätigten.

Ein bemerkenswert erfolgreicher Freund von mir erzählte, ihm sei durch das Selbstgespräch über die eigenen Fehler und Schwächen wunderbar geholfen worden. „Offene Aussprache mit mir selbst" nennt er diese kleinen Ermahnungen. Wenn er meint, sein Ehrgeiz lasse nach, unterzieht er sich einer geistigen Übung, die jenen wecken und festigen soll. Wenn er glaubt, seine Maßstäbe sänken herab, besinnt er sich auf sein Ideal, indem er immer wieder seine Fähigkeit bekräftigt, es besser zu machen und jeden Tag höher aufzusteigen. Ganz gleich, worin der Fehler besteht – Trödelei, Zuspätkommen bei Verabredungen, Temperamentsausbruch, Gereiztheit und Unvernunft gegenüber seinen Angestellten –, er korrigiert ihn durch die Zwiesprache mit seinem Innern. Darin nennt er sich beim Namen und hegt die Vorstellung von seinem anderen, besseren, höheren Ich; er vergegenwärtigt sich beharrlich das Bild jenes Mannes, der er gerne sein möchte, und bestätigt fortwährend, dass er genau so auch sein kann. Seiner Auffassung nach hat keine andere Methode ihm auch nur halb so viel gebracht wie diese Gewohnheit, Probleme mit sich selbst zu bereden.

Er sagte, er beginne jeden Tag mit dem Entschluss, abends ein größerer Mensch zu sein als morgens; das eigene Engagement zu verstärken; mehr Verantwortung in seiner Gemeinde zu übernehmen. Während er sich ankleidet, spricht er mit sich über die Misserfolge des vorangegangenen Tages sowie über das Programm an diesem Tag, ungefähr in der folgenden Weise:

„Nun, John, gestern bist du außer Fassung geraten; du hast dich wahnsinnig aufgeregt über einen Fehler, den jemand im Büro begangen hat; hast dich zum Narren gemacht, so dass deine Angestellten weniger gut über dich dachten als vorher. Dadurch warst du unfähig, die wichtigen Aufgaben zu bewältigen, die deine Konzentration erforderten. Lass dich heute nicht wieder dazu hinreißen. Wenn du dich nicht über solche geringfügigen Details im Büroalltag erheben kannst, die oberflächliche Geister in Verwirrung stürzen und blockieren, bist du ein ziemlich kleiner Mann und ganz bestimmt keine Führungskraft."

Eine seiner größten Schwächen war die Unentschlossenheit. Er hatte schreckliche Angst davor, eine wichtige Sache zum Abschluss zu bringen, weil sie dann nicht erneut in Betracht gezogen werden konnte. Immer ließ er die Dinge bis zum letzten Augenblick in der Schwebe – Briefe blieben ungeöffnet, Papiere und Verträge nicht unterzeichnet –, bis er tatsächlich gezwungen war, sie zu erledigen, aus Angst, sie sonst noch einmal zu überdenken.

Der Freund berichtete mir, er habe seine Schwäche schließlich überwunden, indem er sich ständig sagte, wie töricht sie ist; dass dieser gewohnheitsmäßige Wankelmut seine gesamte Karriere behindert; und dass Personen in leitender Stellung, die große Leistungen vollbringen, gerade durch ihre schnellen, unerschütterlichen Entscheidungen gekennzeichnet sind.

Ein anderer junger Mann, der in New York lebt, erzählte mir, dass er jeden Morgen auf dem Weg zur Arbeit durch den Central Park gehen möchte, um die Möglichkeit zu haben, in Ruhe Selbstgespräche zu führen. Dabei sagt er sich: „Nimm heute die Dinge so, wie sie kommen; verlier nicht die Selbstbeherrschung; bleib ein Gentleman, was immer auch geschehen mag; lass nicht zu, dass deine Kraft durch Sorgen, Ängste oder unglückliche Stimmungen vergeudet wird; verarbeite das alles zu effektivem Handeln."

Dieses „Sich-in-Schwung-bringen", wie er es nennt, diese morgendliche „Einstimmung" des Ich steigere nicht nur seine Leistungsfähigkeit, sondern helfe ihm auch, die tägliche Arbeit mit viel weniger Mühe zu meistern. Damit verfüge er über ein hervorragendes „Stärkungsmittel". Es sporne ihn an, immer besser zu werden. Seitdem ihm Selbstgespräch und Selbstbestätigung zur Gewohnheit geworden sind, habe er sich sprunghaft weiterenwickelt.

Jeder von uns würde von der Gewohnheit profitieren, zu sich selbst zu sprechen, als wäre man eine andere Person, der man großes Interesse entgegen bringt und die besten Ratschläge gibt. Sprechen Sie also zu sich selbst wie zu einem guten Freund, den Sie gern haben; von dem Sie wissen, dass er durchaus begabt ist, aber des Mutes und der Entschlusskraft ermangelt. Bestärken Sie sich; regen Sie Ihren Geist an; haben Sie Vertrauen zu sich.

Entfernen Sie sich so weit von den anderen, dass Sie sich deren Gegenwart gar nicht mehr bewusst sind, und gehen Sie dann Ihre Vorsätze durch – laut, wenn nötig mit Nachdruck sprechend. Bald werden Sie überrascht feststellen, dass diese sich umso tiefer Ihrem Bewusstsein einprägen und dass Sie die eigenen Ratschläge viel eher befolgen, wenn sie deutlich artikuliert sind.

Falls Sie eine Gewohnheit haben, die Sie beeinträchtigt oder gar auslaugt, werden Sie sie wesentlich leichter ablegen können, indem Sie sich immer wieder sagen: „Ich weiß, dass diese Sache (nennen Sie sie beim Namen) mir die Lebenskraft raubt. Ich bin nicht so energisch, weder körperlich noch geistig so robust, nicht so leistungsfähig, wie ich es sein sollte. Ich denke nicht so klar, ich kann meinen Verstand nicht so gut beherrschen, wie ich es könnte, wenn ich durch diese Schwäche nicht eingeschränkt würde.

Die lähmende Gewohnheit bringt mich in eine äußerst ungünstige Situation; sie verleitet mich zu ebenso lächerlichen wie unvorteilhaften Vergleichen mit anderen. Ich weiß, dass ich fähiger bin als viele Menschen in meiner Umgebung, die jedoch wesentlich mehr schaffen als ich. Jetzt werde ich diese Sache, die meine Aussichten und mein Glück zunichte macht, in den Griff bekommen. Ich werde um jeden Preis meine persönliche Freiheit wiedergewinnen."

Sprechen Sie einfach in dieser Weise zu sich, wann immer Sie allein sind; dann werden Sie staunend erkennen, wie schnell die hörbare Suggestion den Bann der schrecklichen Gewohnheit löst. In kurzer Zeit werden die Selbstgespräche Ihre Willenskraft derart stärken, dass Sie jene Schwäche völlig überwinden können.

Doch Sie müssen, wenn Sie Ihre Fähigkeit dazu anerkennen, sehr positiv eingestellt sein. Sie werden nie irgendwelche Fortschritte machen, wenn Sie lediglich folgende Worte sprechen: „Ich weiß, dass diese Sache schlecht für mich ist. Mir ist zwar bewusst, dass mein Erfolg vereitelt wird, wenn ich weiterhin trinke oder rauche oder ein sittenloses Leben führe, aber ich glaube nicht, dass ich je imstande sein werde, etwas dagegen zu tun. Die Sache beherrscht mich dermaßen, dass ich sie nicht loswerden kann."

Leute, die einen Vorsatz bestätigen, indem sie sagen, sie werden dieses oder jenes tun, „so Gott will" oder „wenn das Schicksal es will", nehmen kaum wahr, wie sehr der durch die kleinen Wörtchen „so" und „wenn" ausgedrückte Zweifel ihrer positiven Einstellung Abbruch tut und negative Gedanken heraufzubeschwören droht.

Die Intensität, mit der Sie das Vertrauen in Ihre Fähigkeit bekräftigen, zielgerichtete Maßnahmen zu ergreifen, steht eindeutig in direktem Zusammenhang mit dem Grad Ihrer Leistung. Um den Wechselfällen des Lebens zu begegnen, brauchen wir oft eine große Antriebskraft: Ein Torpedo bohrt sich leichter mit hoher als mit geringer Geschwindigkeit durch die Stahlplatten eines Schiffes.

Bekräftigen Sie immerzu und hartnäckig, dass Sie sich so entwickeln werden, wie es Ihren Ambitionen entspricht. Sagen Sie nicht: „Ich werde irgendwann Erfolg haben", sondern: „Ich habe Erfolg. Er ist mein Geburtsrecht." Sagen Sie nicht, dass Sie irgendwann in der Zukunft glücklich sein werden, sondern: „Ich bin bestimmt und geschaffen für das Glück – ich bin glücklich."

Bejahen Sie vorbehaltlos Ihre Fähigkeit, den Sieg davonzutragen.

Seien Sie nicht enttäuscht, wenn sich nicht sofort ein Gefühl der Erleichterung einstellt. Fahren Sie fort, in selbstbewusster Weise mit sich zu sprechen, zumal abends vor dem Schlafengehen, indem Sie ständig Ihre Fähigkeit bekräftigen, die eigene, wie immer geartete Schwäche zu überwinden, dann wird es Ihnen auch gelingen. Die Willenskraft hilft Ihnen zwar, aber die feste Überzeugung ist tausend Mal stärker als sie; die dauernde Bestätigung jener inneren Kraft, die jedes Hindernis zu überwinden vermag, wird Sie schließlich ans Ziel führen.

Zunächst erscheint Ihnen das Selbstgespräch vielleicht töricht. Das ist nicht weiter schlimm. Bald werden Sie herausfinden, dass Sie durch die Bejahung dessen, was Sie hinsichtlich Ihrer inneren Entwicklung und Ihres Verhaltens beschlossen haben, an Selbstvertrauen gewinnen, und dementsprechend wächst auch Ihre Fähigkeit, die eigenen Vorsätze zu verwirklichen.

Egal, was andere Menschen über Sie denken oder sagen – gestatten Sie sich keinen Zweifel daran, dass Sie schaffen können, was immer Sie ins Auge fassen. Bestehen Sie mutig und voller Zuversicht darauf, dass es in der Welt einen bestimmten Platz für Sie gibt, eine Funktion, die nur Sie ausfüllen können und die Sie tatsächlich ausfüllen werden. Erziehen Sie sich dazu, große Taten von sich zu erwarten. Erlauben Sie sich nie – auch nicht aufgrund Ihrer momentanen Arbeitssituation – den Gedanken, ein ganzes Leben lang zu niederen Tätigkeiten verurteilt zu sein. Bald schon werden Sie aus Ihren Selbstbestätigungen so viel Gewinn ziehen, dass Sie auf diese zurückgreifen, um all Ihre Schwächen und Unzulänglichkeiten zu beseitigen – eben weil es kein noch so hohes Hindernis zu Ihrem Glück gibt, das der hörbaren Autosuggestion nicht weichen würde.

Vielleicht sind Sie von Natur aus schüchtern und fürchten sich vor der Begegnung mit anderen Menschen –

oder misstrauen Ihren Fähigkeiten. In diesem Fall wird es Ihnen enorm helfen, sich während der täglichen Selbstgespräche zu versichern, dass Sie nicht schüchtern sind, sondern, im Gegenteil, die Verkörperung von Mut und Tapferkeit. Machen Sie sich klar, dass es für Sie keinen Grund gibt, schüchtern zu sein, da Ihnen nichts Minderwertiges oder Seltsames anhaftet; dass Sie anziehend wirken und in Gegegenwart der anderen genau wissen, wie Sie sich verhalten sollen. Sagen Sie sich, dass Sie es nie wieder zulassen werden, irgendwelche Gedanken an Selbstverachtung, Schüchternheit oder Minderwertigkeit zu hegen; dass Sie den Kopf hoch tragen und durchs Leben gehen, als wären Sie ein König, ein Eroberer, anstatt umherzukriechen wie ein geschlagener Hund. Sie werden Ihrer Persönlichkeit, Ihrer Individualität Geltung verschaffen.

Wenn Ihnen der innere Antrieb fehlt, so bekräftigen Sie nachdrücklich Ihre Fähigkeit, Aufgaben in Angriff zu nehmen und ungeachtet aller Widerstände zum krönenden Abschluss zu bringen. Wenn Sie aufrichtig gegenüber sich selbst sind und Ihre Bestätigungsformeln konsequent anwenden, werden Sie überrascht feststellen, wie sehr Sie dadurch Ihren Mut, Ihr Selbstvertrauen und Ihre Fähigkeit, Ideen in die Tat umzusetzen, steigern können.

Sorgen Sie sich nie darum, dass Sie bei Ihren offenen Selbstgesprächen in der Öffentlichkeit beobachtet oder ausgelacht werden. Falls Sie unsicher oder überempfindlich sind, so stellen Sie sich vor, ein König oder eine Königin zu sein. Sagen Sie sich immer wieder: „Ich bin ein(e) König(in). Es gibt keinen Grund, warum ich mich den anderen Menschen unterlegen fühlen sollte. Ich werde einfach meinen Weg gehen, als wäre ich das Oberhaupt meines Landes oder meiner Stadt, welches das Recht hat, diese Erde zu beschreiten, und jede Situation meistert."

Ich kenne einen jungen Mann, der so gehemmt war, dass er die Straßenseite wechselte, um seinen Bekannten auszuweichen. Es verwirrte ihn völlig, wenn eine fremde Person ihn zufällig ansprach. Ständig setzte er sich selbst und seine Fähigkeiten herab. Tatsächlich habe ich selten jemanden gesehen, der seine Begabung derart gering schätzte wie er. Dennoch hat er diese Schwächen durch hörbare Autosuggestion gänzlich überwunden, und niemand würde heute glauben, dass es ihm je an Selbstachtung und Selbstbewusstsein mangelte oder dass er das Opfer der Schüchternheit war.

Er erzählte mir, dass er oft hinaus aufs Land ging, um ernsthaft mit sich über die eigenen Schwächen zu reden. Das hörte sich dann in etwa so an: „Nun, Arthur, entweder steckt etwas in dir oder nicht, und das werde ich herausfinden. Sei kein Narr. Du bist genauso gut wie irgendjemand sonst, solange du dich genauso gut benimmst. Behalt den Kopf oben und sei ein Mann. Hab keine Angst, jemand anderem gegenüber zu treten. Beweg dich unter Leuten, als wärst du wer. Hör auf, dich dauernd runterzumachen und im Hintergrund zu halten. Du bist Gottes Kind, und du hast wie jeder X-Beliebige das gute Recht auf diese beglückende grüne Erde. Entschuldige dich nicht dafür, am Leben zu sein, und bilde dir nicht ein, dass du den Platz besetzt, der einem Anderen gehört."

Er betonte, es bringe ihm auch sehr viel, sich selbst für eine ungewöhnliche Leistung oder eine Bewährungsprobe, die er als Mann bestanden hat, laut zu loben und zu würdigen. Bei solchen Gelegenheiten sagt er sich: „Arthur, das war wunderbar! Du hast deine Sache großartig gemacht! Ich bin stolz auf dich. Das zeigt nur, was du alles kannst. Sei genauso erfolgreich in jeder anderen Situation, dann bringst du's zu etwas in der Welt und wirst ein ganz besonderer Mensch."

Sie werden einen wunderbaren Gewinn erzielen, wenn Sie jeden Morgen damit beginnen, Ihre Gedanken auf Leistung und Erfolg zu richten, indem Sie sich der Vorstellung von Wohlstand und Harmonie hingeben. Dann hat es der Missklang umso schwerer, in Ihre tägliche Arbeit einzudringen. Wenn Sie dazu neigen, Ihre Fähigkeiten in einer bestimmten Angelegenheit anzuzweifeln, dann lernen Sie, ungeachtet dessen das Selbstvertrauen konsequent zu bewahren. Dieser Anspruch auf Durchsetzungsvermögen, auf Selbstvertrauen, auf Integrität oder Ganzheit, der sich durch nichts erschüttern lässt, wird Ihnen ermöglichen, stark zu werden und ebenso elanvoll wie unbeschwert das betreffende Unternehmen durchzuführen.

Sie werden merken, dass die ständige Vergenwärtigung des Ideals Ihren gesamten Ausblick auf das Leben ändert. Sie werden Probleme aus einem neuen Blickwinkel angehen, und die Existenz bekommt einen Sinn, der Ihnen bislang unbekannt war. Die fortwährende Bestätigung wird Sie in Einklang bringen mit Ihrer Umgebung, Sie zufrieden und glücklich machen und ein wirksames Stärkungsmittel für Ihre Gesundheit sein. Dadurch können Sie Ihre Persönlichkeit festigen und Charakterstärke gewinnen.

Die objektive Seite in uns verfügt über die wunderbare Macht, die subjektive Seite zu ermutigen und zu beflügeln – also jene unterbewusste Geistigkeit zu wecken, in der alle Möglichkeiten verborgen liegen; im tiefsten Innern zu lesen, wo Kräfte schlummern, die uns erstaunen und die wir nicht einmal im Traum zu besitzen glaubten; Kräfte, die unser Leben revolutionieren, wenn wir sie entdecken und in die Tat umsetzen.

Die meisten von uns aktivieren nur einen Bruchteil dieser latenten Kräfte, die darauf warten, uns zu dienen. Einige überschreiten das 50. Lebensjahr, ehe irgendein Notfall oder eine schwere Krise zur Befreiung ihres inneren Potenzials führt; viele jedoch gehen durchs Leben, ohne je eine Ahnung davon zu haben.

Das Problem ist, dass wir die Große Kraft in uns, das höhere, stärkere Selbst nicht laut genug anrufen. Wir sind zu schüchtern, zu „zahm“ in unseren Forderungen.

Wenn Sie mit Ihren bisherigen Fortschritten unzufrieden sind, keine reifere, umfassendere Persönlichkeit entwickeln oder in der Arbeit nicht mehr Leistung erbringen, so hält etwas Sie zurück und hindert Sie daran, Ihr Ideal zu verwirklichen. Ermitteln Sie die Ursache des Übels und beseitigen Sie es durch hörbare Autosuggestion. Bekräftigen Sie zuversichtlich, mit unerschütterlichem Glauben und ohne jeden Zweifel die eigenen Wünsche, dann werden diese in Ihrem Leben konkrete Gestalt annehmen.

Schauen Sie ins Innere und legen Sie sich Rechenschaft ab über Ihre Charaktereigenschaften, die zum Erfolg oder zum Misserfolg führen. Analysieren Sie sich so wie einen guten Freund, dem Sie unbedingt helfen möchten und dessen Stärken und Schwächen Sie deutlich erkennen. Beanspruchen Sie dann den Besitz der Dinge, die Sie benötigen, jene Qualitäten, die Sie ersehnen. Zwingen Sie sich, Ihre ganze Aufmerksamkeit auf ein bestimmtes Ziel zu richten; bleiben Sie standhaft dabei, denn das ist der geistige

Zustand, der Werke hervorbringt. Die negative Einstellung dagegen, die zweifelt und schwankt, bewirkt gar nichts.

Setzen Sie dann bei der ersten sich bietenden Gelegenheit Ihren Entschluss in die Praxis um.

Das heißt, es ist äußerst wichtig, sich stets zu vergegenwärtigen, dass allein das geistige Leben durch Worte heilt. Demnach ist der Glaube ohne den Geist der schöpferischen Tat nutzlos, sind die Worte ohne tieferes Leben kalt und unfruchtbar.

Wenn Sie nach etwas verlangen, das richtig für Sie ist, so bekräftigen Sie mit fester Überzeugung, dass es Ihnen eigentlich schon gehört. Beanspruchen Sie es als gegebene Tatsache. Unternehmen Sie dann alles Mögliche auf der materiellen Ebene, um es sich anzueignen. Bald werden Sie ernten, was Sie in Gedanken und durch positive Bestätigung gesät haben.

Doch vergessen Sie nicht: Es ist die treibende Kraft des Geistes, die dem Wort Macht verleiht. Wenn Sie nicht meinen, was Sie sagen, wenn Sie Ihre Worte nicht mit Sinn erfüllen, sind diese nur leere Atemluft. Das ist etwa so, als würden Sie sagen: „Ich bin ein erfolgreicher Bühnenautor“, ohne überhaupt ein Stück zu schreiben oder das geschriebene Stück je aus der Schublade zu holen.

Sobald Sie große Taten ins Auge fassen, soll alles an ihnen Erfolg ausstrahlen. Sorgen Sie dafür, dass Ihre Haltung, Ihr Auftreten, Ihre Kleidung, Ihre Art, Gespräche zu führen, ja sämtliche Aspekte Ihrer Person Leistung und Gelingen vermitteln. Umgeben Sie sich immer mit der Aura des Siegers.

„Ich selbst bin das Glück“, sagt der Dichter Walt Whitman.

Wenn wir dank der Praxis der ständigen Selbstbestätigung nur erkennen könnten: Es kommt ganz auf die Einstellung an, dass wir die Verkörperung dessen sind, was wir ersehnen oder erreichen möchten, dass wir nach den positiven Dingen nicht zu streben brauchen, eben weil wir sie bereits in uns tragen, so würden wir mit Pistol in Shakespeares Die lustigen Weiber von Windsor sagen: „ ... die Welt liegt mir zu Füßen."

Und das Glück, das wir oft verzweifelt zu erringen suchen, wäre mühelos und jeden Tag unser.

* * *

Heute werde ich ...

> ... anfangen, regelmäßig offene Selbstgespräche zu führen. – Auf diese Weise können Sie Ihren Charakter von Grund auf ändern, Ihrer beruflichen Karriere eine völlig neue Richtung geben.
>
> ... jene Augenblicke in meinem Tagesablauf beachten, in denen ich Freude, Vergnügen, Glück empfinde, und mein Recht auf solche Erfahrungen und noch weitere dieser Art bekräftigen.
>
> ... eine Liste mit den Eigenschaften eines starken, mutigen, erfolgreichen Charakters aufstellen. – Nennen Sie diese mit erhobener Stimme: „Glaube", „Mut", „Selbstvertrauen", „Ehrgeiz", „Begeisterung", „Ausdauer", „Konzentration", „Initiative", „Frohsinn", „Optimismus", „Gründlichkeit" usw. Fragen Sie sich, ob Sie diese prächtigen Quali-

täten besitzen oder ob Sie jeweils eher zum Gegenteil neigen. Haben Sie keine Angst davor, sich auch mit den eigenen Schwächen auseinander zu setzen, und geben Sie ihnen die passenden Bezeichnungen. Bringen Sie sie ans Licht, gehen Sie ihnen auf den Grund – um so dagegen anzukämpfen. Überlegen Sie, was Sie im Einzelnen besser machen können. Und finden Sie heraus, wie Sie Ihren Stärken noch mehr Glanz und Ausdruck verleihen.

Wenn Sie Ihre typischen inneren Merkmale untersucht haben, so stellen Sie weiter gefasste Fragen, wobei Sie sich selbst genau vor Augen haben und mit Namen ansprechen:

„Wozu bin ich, ... (tragen Sie hier und in den folgenden Leerstellen Ihren Namen ein) eigentlich da?
Was bedeute ich, ... der Welt?
Welchen Beitrag leisten mein Leben und meine Karriere dafür?
Was bedeute ich, ... meiner Gemeinschaft?
Wofür stehe ich, ... Was stelle ich, ... dar?
Ist mir bewusst, dass ich, ... mit einer Botschaft für die Menschheit hierher gesandt wurde?
Überbringe ich sie tatsächlich – geduldig, ausdauernd, entschlossen, ohne zu murren, zu jammern oder mich zu drücken?
Bedeute ich, ... irgendjemandem außer mir selbst in einer Hinsicht sehr viel?
Besteht mein Ziel ausschließlich darin, höheres Ansehen, mehr Geld, größere Annehmlichkeiten für mich zu erlangen?

> Schließe ich, ... durch mein ehrgeiziges Streben andere Menschen aus meinem Leben aus?
> Träume ich, ... von der großen Tat, die ich morgen vollbringen werde, oder begnüge ich mich mit kleinen Dingen, die ich heute irgendwie erledigen kann?
> Gebe ich, ... etwas von mir, während ich weiter voranschreite?
> Und wenn ich, ... nichts zu geben habe als Ermutigung, Inspiration, Hilfsbereitschaft – lasse ich diese meinen Weggefährten zuteil werden?
> Würde meine Gemeinschaft mich, ... sehr vermissen, wenn ich nicht mehr Teil von ihr wäre?

Erforschen Sie auf diese Weise Ihre Persönlichkeit, bis Sie eine gute Verbindung zu sich haben und zu einer gerechten Einschätzung Ihrer selbst gelangen; bis Sie sowohl Ihre Stärken als auch Ihre Schwächen kennen; bis Sie deutlich sehen, was Sie zurückhält, worin jener innere Mangel besteht, der Sie behindert, jene Unzulänglichkeit, die Ihr Potenzial durchschnittlich um zehn, zwanzig, fünfzig oder gar fünfundsiebzig Prozent verringert. Greifen Sie dann Ihre Feinde energisch an – die Feinde Ihrer Leistungsfähigkeit, Ihres Erfolgs, Ihres Glücks. Bekräftigen Sie nachdrücklich jeden Tag und immer wieder, dass Sie sie völlig im Griff haben, dass sie Ihr Leben nicht beherrschen, Ihre Karriere und Ihr Glück nicht zerstören können.

Erstellen Sie eine Liste mit Bestätigungsformeln, die affirmative Aussagen über Sie enthalten. Als solche sind diese stets in der Gegenwartsform („Ich bin ...“) und positiv („Ich bin erfolgreich“ anstatt „Ich bin ein Versager“);

sie können visualisiert werden, vermitteln eine intensive Empfindung oder Stimmung und bezeugen jeweils eine Ihrer Charaktereigenschaften. Möglicherweise bringen Sie diese in Ihrem jetzigen Leben nur selten oder überhaupt nicht zur Geltung. Lassen Sie sich dadurch nicht verunsichern. Es gab eine Zeit, in der Sie jene Merkmale, die Ihnen heute mehr oder weniger lästig sind, nicht hatten. Sie übernahmen sie von anderen Menschen, die sie Ihnen so lange einredeten, bis Sie sie schließlich akzeptierten („Ich glaube, dass ich wirklich nicht sehr begabt, hübsch, sexy usw. bin“). Nun können Sie in ähnlicher Weise die neuen Merkmale bestätigen, die Sie sich wünschen und bald auch besitzen, um so die alten Merkmale auszulöschen.

Die folgenden positiven Bestätigungsformeln von C.D. Larson sind sehr anregend und wirksam und würden eine wunderbare tägliche Übung ergeben:

- „Jeden Tag entwickle ich mich weiter.“
- „Ich erreiche jetzt mehr, weil ich weiß, dass ich dazu imstande bin.“
- „Ich erkenne in mir und in den Mitmenschen nur das Gute an.“
- „Ich bin handlungsfähiger denn je, wenn Unglück droht, um damit zu beweisen, dass ich alles zum Positiven wenden kann.“
- „Ich sehne mich nur nach dem, was Freiheit und Wahrheit beschert und zum Wohlergehen der Erde sowie sämtlicher Lebewesen beiträgt.“
- „Ich ergreife das Wort nur, um zu ermutigen, zu inspirieren und Freude zu schenken.“
- „Ich bemühe mich, immer mehr Menschen zu Diensten zu sein; mein innigster Wunsch besteht darin, das Dasein

all derer, die meinen Weg kreuzen, zu bereichern, zu veredeln und schöner zu gestalten."

Denken Sie daran, diese Bestätigungsformeln mit Gefühl und Überzeugung zu sprechen und sich bildlich vorzustellen, wie Sie deren Inhalte bewusst erleben.

4.
Selbstbeherrschung

Ich werde Herr sein über mich selbst.
Johann Wolfgang Goethe

Wer über andere herrscht,
sollte zuerst sich selbst beherrschen.
Philip Massinger

Sei stets gefasst, dann wirst du jeden befehligen.
Louis Antoine Léon Saint-Just

Wahrer Ruhm rührt aus der Überwindung unserer selbst;
ohne sie ist ein Eroberer nichts als der niedrigste Sklave.
James Thomson

Charakterstärke besteht aus zweierlei – der Willenskraft und der
Kraft zur Selbstbeherrschung.
Daher erfordert sie zweierlei – starke Gefühle
und eine strenge Kontrolle über diese.
Frederick William Robertson

„Glaubst du", fragte Mrs. Rasper, „dass ein wenig Temperament bei einer Frau etwas Schlechtes ist?" – „Keineswegs", erwiderte ihr Mann, „es ist etwas Gutes, und sie sollte es nie verlieren."

Niemand hat von Natur aus ein so ausgeglichenes Temperament, dass es nicht der Aufmerksamkeit und der Kontrolle bedürfte; und keiner hat ein so aufbrausendes Temperament, dass es durch richtige Schulung nicht angenehm werden könnte.

Der berühmt-berüchtigte Mr. Fletcher aus Saltoun wurde von einem sehr reizbaren Temperament beherrscht. Sein Butler gab ihm zu verstehen, dass er sich nach einem anderen Arbeitsplatz umsehen wolle, doch Mr. Fletcher wollte ihn sacht dazu bewegen, seine Dienste weiterhin zu versehen.

„Ich kann Ihre Gefühlsausbrüche nicht mehr ertragen, Sir", sagte der Butler.

„Ich bin jähzornig, zugegeben", entgegnete Mr. Fletcher, „aber mein Jähzorn legt sich genauso schnell, wie er ausgelöst wird."

„Gewiss", stimmte der Butler zu, „aber dann wird er genauso schnell wieder ausgelöst, wie er sich gelegt hat!"

Dumont hörte, wie der Graf von Mirabeau einen Bericht über die politischen Zustände in Marseille gab; jeder Satz wurde von Kraftausdrücken unterbrochen – „Verleumder", „Lügner", „Mörder", „Halunke". Mirabeau hielt inne und sagte dann mit honigsüßer Stimme, an die wütendsten seiner Zuhörer gewandt: „Ich warte, Messieurs, bis diese Liebenswürdigkeiten aufgebraucht sind."

„Ich hörte von Eheleuten", sagte Matthew Henry, „die beide ein hitziges Temperament hatten und trotzdem behaglich zusammenlebten, indem sie eine von ihnen aufgestellte Regel beachteten: nämlich niemals gleichzeitig wütend zu sein." „Ich bin Apollyon, der Engel des Abgrunds", sagte ein Verrückter, nachdem er in die Bibliothek von Arthur Wellesley, des Herzogs von Wellington eingedrungen war. „Ich wurde geschickt, um Sie zu töten."

„Mich töten? Sehr seltsam", erwiderte der Herzog.

„Ich bin Apollyon, und Sie müssen umgebracht werden."

„Müssen Sie das heute tun?"

„Mir wurde weder Tag noch Stunde genannt, aber ich bin verpflichtet, meinen Auftrag auszuführen."

„Kommt mir äußerst ungelegen", sagte der Herzog. „Ich bin sehr beschäftigt und muss viele Briefe schreiben. Melden Sie sich ein andermal und übermitteln Sie mir ein paar Zeilen; dann werde ich für Sie da sein."

Der Herzog vertiefte sich wieder in seine Korrespondenz. Die nüchterne Gefasstheit des alten, ebenso strengen wie unerschütterlichen Mannes erschreckte und beschwichtigte den Verrückten derart, dass dieser zurückwich und eilends den Raum verließ. In dem Fenster eines anderen Raumes im Queen's College, Oxford, befindet sich eine Inschrift, die festhält, dass dort ehemals der junge, heldenhafte König Heinrich V. wohnte, der als „VICTOR HOSTIUM ET SUI", als Bezwinger seiner Feinde und seiner selbst, beschrieben wird. Im Jahre 1415 besiegte er seine französischen Feinde bei Azincourt; aber die Beherrschung seiner selbst erforderte einen weitaus heftigeren Kampf.

Der englische Staatsmann Benjamin Disraeli wurde einmal gefragt, wie er sich die Gunst der Königin erhalte. Seine Antwort lautete: „Sehen Sie, ich widerspreche nie, und manchmal vergesse ich." Eine gute Regel für alle übrigen Premierminister.

Ein Kandidat wurde von seiner Partei zu einem erfahrenen Politiker geführt, der ihm beibringen sollte, wie man politisch erfolgreich ist und die Stimmen der Wähler gewinnt. Der Ältere gab ihm wohl überlegte Ratschläge und fügte hinzu: „Fünf Dollar jedes Mal, wenn Sie meine Anweisungen nicht befolgen."

„In Ordnung", sagte der Kandidat.

„Wann wollen Sie anfangen?", fragte der Lehrmeister.

„Sofort, in diesem Augenblick."

„Sehr gut. Die erste Lektion lautet: Sie dürfen sich nie ärgern, wenn man böse Dinge über Sie sagt. Seien Sie stets auf der Hut."

„Oh, das schaffe ich schon. Ich kann mich gut wappnen gegen die Meinungen, die andere Leute von mir haben. Die sind mir völlig gleichgültig."

„Sehr gut. Das war die erste meiner Lektionen. Dennoch muss ich in aller Offenheit sagen: Ich möchte nicht, dass ein so gewissenloser Schuft wie Sie gewählt wird."

„Sir, was erlauben Sie sich ..."

„Fünf Dollar, wenn ich bitten darf."

„Oh! Ah! Das ist eine Lektion, nicht wahr?"

„Richtig, es ist eine Lektion. Trotzdem meine ich es genauso, wie ich es gesagt habe."

„Sie unverschämter ..."

„Fünf Dollar bitte."

„Oh! Ah!", keuchte der Kandidat. „Eine weitere Lektion. Da sind schnell zehn Dollar beisammen."

„Jawohl, zehn Dollar. Würde es Ihnen etwas ausmachen, umgehend zu zahlen, während wir fortfahren; denn falls Sie keine bessere Zahlungsmoral haben als die, für die Sie bekannt sind, ich meine hinsichtlich der Begleichung

Ihrer Schulden im Allgemeinen ..."

„Sie teuflischer Schurke!"

„Fünf Dollar bitte."

„Ah! Eine weitere Lektion. Nun, ich täte besser daran, mein Temperament zu zügeln."

„Gut, ich nehme alles zurück. Natürlich meinte ich es nicht so. Denn ich glaube, Sie sind ein äußerst achtbarer Mann, zumal wenn man bedenkt, aus welch armseliger Familie Sie kommen und was für ein ehrloser Mann Ihr Vater war."

„Sie infamer Lügner!"

„Fünf Dollar bitte."

So verlief die erste Lektion in Selbstbeherrschung, für welche der ehrgeizige Kandidat einer Partei sehr teuer bezahlte. Daraufhin fasste der erfahrene Politiker den Zweck der Übung zusammen: „Denken Sie immer daran", sagte er, „dass Sie jedes Mal, wenn Sie außer Fassung geraten oder sich über eine Beleidigung ärgern, anstatt des Fünf-Dollar-Scheins zumindest eine Stimme verlieren – und dass Stimmen für Sie wichtiger sind als Banknoten."

Nichts verursacht im Leben normaler Männer und Frauen größeres Chaos, als plötzlichen Gefühlsausbrüchen nachzugeben. Wie wunderbar ist dagegen jene heitere Gelassenheit, die aus gewohnheitsmäßiger Selbstbeherrschung resultiert! Wie viele schmerzliche Selbstvorwürfe bleiben uns dadurch erspart! Wenn Sie sich also Ihrer heftigen Gemütsbewegung bewusst sind, dann halten Sie den Mund, damit diese sich nicht noch verstärkt. Schon mancher ist in rasendem Zorn tot umgefallen. Wutanfälle erzeugen Anfälle von Krankheit.

„Bewahre Ruhe im Streit“, sagte der englische Dichter George Herbert, „denn eine ungestüme Art verwandelt Irrtum in Schuld, Wahrheit in Unhöflichkeit.“

Sokrates erklärte, sobald er bei sich eine Neigung zur Wut verspüre, zügle er sie, indem er leise spreche.

„Wie vermeidest du Streitigkeiten?“, fragte ein Freund den anderen. „Oh, das ist nicht schwer“, erwiderte jener. „Wenn jemand wütend auf mich ist, überlasse ich es ihm, den Streit auszutragen.“

Fühlen wir uns je wohler mit uns selbst als nach einer ebenso unerwarteten wie scharfen Provokation, die wir kommentarlos oder in ungestörter guter Laune überstanden haben? Und fühlen wir uns je tiefer gedemütigt als in jenem Moment, da wir wissen, dass wir wegen eines Wutanfalls uns selbst durch Worte, Blicke, Taten betrogen haben? Nervöse Reizbarkeit ist die größte Charakterschwäche überhaupt. Grober Sand verstärkt die Reibung und zersetzt so jedes gesunde menschliche Verhalten.

In Chester, Pennsylvania, lebte ein Ladenbesitzer, der für seine Geduld bekannt war. Eines Tages beschloss ein Mann, sie auf die Probe zu stellen. Er fragte nach diesem und nach jenem Stoff, in verschiedenen Ausführungen und Farben. Endlich schien einer ihm zu gefallen. „Genau den will ich. Geben Sie mir davon für einen Cent“, sagte er. Der gleichmütige Ladenbesitzer holte einen Cent hervor, schnitt ein Stück Stoff ab, umhüllte die Münze damit, packte beides in Papier ein und übergab es dem verwirrten Kunden.

John Henderson debattierte mit einem Studenten der Universität Oxford, als dieser plötzlich wütend wurde und ihm ein mit Wein gefülltes Glas an den Kopf warf. Henderson wischte sich in aller Ruhe das Gesicht ab und sagte gefasst: „Das, mein Herr, ist eine Abschweifung; kommen wir nun zum eigentlichen Thema."

Auch Spione zeigen Selbstbeherrschung in höchstem Grad; ein einziger Moment der Unvorsichtigkeit kann sie das Leben kosten. Als ein Spion verhaftet wurde, stellte er sich taubstumm. Man bediente sich der raffiniertesten Methoden, um ihn zum Sprechen zu bringen, aber er blieb stumm und taub. Schließlich sagte Einer von denen, die ihn verhörten: „Gut, Sie können gehen", doch der Geheimagent gab durch keinerlei Anzeichen zu erkennen, dass ihm das Ende der Tortur bewusst war. Sie sagten: „Entweder er ist tatsächlich taubstumm oder er ist wahnsinnig." Seine vollkommene Selbstbeherrschung rettete ihm das Leben.

Professor Blaikie brachte einmal an der Tür zu seinem Seminarraum die folgende Notiz an: „Werde die Klassen (classes) morgen treffen." Ein Spaßvogel strich in dem Wort „classes" das „c" aus, so dass da stand: „Werde die Mädchen (lasses) morgen treffen." Als der Professor, der vor der Abreise aus der Stadt zufällig an der Tür vorbeikam, dies sah, lächelte er und tilgte zusätzlich das „l", so dass man jetzt las: „Werde die Esel (asses) morgen treffen." Durch seine Selbstbeherrschung und seine Schlagfertigkeit gewann er die Studenten noch mehr für sich.

Donald McCrie war ein Schotte, dem seine Schlauheit großen Nutzen brachte. Mitten auf dem Land führte er ein kleines Geschäft mit Waren für den täglichen Bedarf, das durch dunkle Fenster, staubige Spinnweben und geringe Umsätze gekennzeichnet war. Eines Tages schickte er nach London eine Bestellung über „vierzig Pfund

Indigo", Vorrat für etwa zwölf Jahre. Die Gewichtseinheit wurde falsch gelesen; aber da Donald McCrie einen guten Ruf hatte, erledigte man seine Bestellung und schickte vierzig Tonnen Indigo.

Der arme Donald war völlig verblüfft. Eine Woche lang ging er wie benommen umher, behielt die Sache aber für sich. Er überlegte, was man mit Indigo alles machen kann – aber vierzig Tonnen! Bald traf ein adrett gekleideter Vertreter aus der Hauptstadt ein, der Donald in seinen beengten Verhältnissen vorfand und ihm wortgewandt mitteilte, die Londoner Firma sei überzeugt, dass es sich hier um einen Fehler handle; er sei gekommen, um diesen zu berichtigen, die Lieferung zurückzunehmen und die Frachtkosten großzügig zu begleichen.

Die Firma würde einen so eleganten Herrn nicht ohne Grund schicken, dachte Donald, und so räumte er den Fehler nicht ein.

Daraufhin schlug der Vertreter vor: „Gehen wir rüber in die Kneipe."

Aber Donald zügelte seine Vorliebe für guten Wein und sagte sich: 'Jetzt brauch' ich einen klaren Kopf.'

Der Vertreter versuchte mit allen Mitteln, ihn zu überreden, doch Donald wehrte ab und erklärte, er, der Vertreter, dürfe nicht annehmen, ein Schotte würde handeln, ohne sich seines Tuns bewusst zu sein. Der Andere geriet außer Fassung und erwiderte: „Tatsache ist, dass bei uns eine weitere Bestellung über eine große Menge Indigo eingegangen ist, die wir nicht auf Lager haben; deshalb zahlen wir Ihnen eine Prämie von 500 Pfund sowie die Kosten für die Fracht."

Donald schüttelte den Kopf; er musste herausfinden, wie viel Verhandlungsspielraum sein Gegenüber hatte. Die nächste Offerte schlug er ebenfalls aus. Schließlich holte der Vertreter seine Anweisungen hervor und sagte: „Hier, Sie Starrkopf, bis dahin kann ich gehen – 5000 Pfund."

Donald akzeptierte gelassen. Auf den Westindischen Inseln war die Produktion von Indigo ins Stocken geraten, und die englische Armee brauchte den dunkelblauen Farbstoff dringend für die Mäntel der Soldaten. Dank seiner Selbstbeherrschung hatte Donald McCrie einen stattlichen Gewinn gemacht.

Das Fehlen von Kraftausdrücken in der eigenen Rede ist ein weiteres Zeichen von Selbstbeherrschung. Solche Lästerungen haben noch keinem Menschen gut getan. Sie bezeugen nur innere Schwäche. Niemand wird durch Fluchen reicher, klüger, glücklicher oder gar der Gesellschaft anempfohlen. Es ist widerlich für verfeinerte Menschen, verletzend für warmherzige Menschen.

„Männer", sagte ein Kapitän, als er ihnen die Anweisungen auf dem Achterdeck vorlas, um die Befehlsgewalt über das Schiff zu übernehmen, „es gibt einen Gefallen, um den ich euch als britischer Offizier bitte in der Erwartung, dass eine britische Schiffsmannschaft ihn nicht verweigern wird. Was meint ihr, Männer? Seid ihr bereit, eurem neuen Kapitän, der verspricht, euch gut zu behandeln, einen Gefallen zu erweisen?"

„Ja, ja, Sir", schallte es aus allen Mündern. „Lassen Sie uns bitte wissen, Sir, worin er besteht."

„Nun, Männer", sagte der Kapitän, „er besteht darin: Ihr müsst mir erlauben, auf diesem Schiff den ersten Fluch auszustoßen."

Diejenigen, die ungeachtet ihrer besonderen Fähig-keiten keine Selbstbeherrschung haben, sind immer ihren Stimmungen sowie den Umständen ausgeliefert. Sie können den Feind nicht aus eigener Kraft unterwerfen.

Der Earl of Clarendon, Lordkanzler Königs Karl II., sagte über den herausragenden englischen Politiker John Hampden: „Er war oberster Herrscher über seine Leidenschaften, und dadurch besaß er große Macht über andere Menschen."

Vollkommene Selbstbeherrschung bedeutet, dass man sich absolut im Griff hat, was zum Beispiel dem Lexikographen Robert Ainsworth gelang, der, als seine Frau in einem Wutanfall sein umfangreiches Manuskript den Flammen überantwortete, gleichmütig an den Schreibtisch zurückkehrte und die Arbeit von vorn begann.

Wir beurteilen einen Menschen danach, inwieweit er seine Gefühle beherrscht, und nicht danach, inwieweit sie ihn beherrschen.

Wir brauchen unsere Leidenschaften – sie sind die Winde, die unser Segelschiff vorwärts treiben; doch gesteuert wird es von der Vernunft. Ohne die Winde könnte es keine Fahrt machen, und ohne Steuer wäre es verloren. Die wahrhaft erfolgreichen Menschen haben beide inneren Kräfte unter Kontrolle. Sie sind Herr über sich und erledigen unermüdlich ihre Aufgaben – in guten wie in schlechten Zeiten, im Wohlstand wie in der Not.

Selbstbeherrschung schenkt Vertrauen – nicht nur in einen selbst, sondern auch in die anderen. Sie verleiht Glaubwürdigkeit im Geschäftsleben. Banken trauen eher solchen Kunden, die sich im Zaum halten können, weil sie allem Anschein nach zuverlässiger sind. Unternehmer wissen, dass unbeherrschte Angestellte weder mit ihren eigenen Angelegenheiten noch mit denen der Kollegen fertig werden.

Selbstbeherrschung führt zum Erfolg, auch wenn man nur ein Talent hat, während Zügellosigkeit im Misserfolg endet, selbst wenn man zehn Talente hat. Man kann ohne Bildung und ohne Gesundheit erfolgreich sein, nicht aber ohne Selbstbeherrschung – jene Macht, die man über sich hat und die einem ermöglicht, Widerstände und Missgeschicke zu meistern, um in einem Zustand hoher Selbstachtung zu leben.

Ein besonnener Geist ist ein freier Geist, und Freiheit ist Stärke.

Und Zufriedenheit.

Und Glück.

* * *

Heute werde ich ...

> ... meine Neigung, das letzte Wort zu haben, noch einmal überdenken. – Wir fühlen uns oft ungerecht behandelt und versuchen hartnäckig, die andere Person auf ihr fehlerhaftes Verhalten sowie auf unser richtiges Verhalten aufmerksam zu machen. Manchmal ist das durchaus angemessen, häufig aber verstärkt es nur unseren inneren Druck. Stellen Sie fest, welche Kämpfe Sie tatsächlich austragen müssen und aus welchen Sie sich einfach zurückziehen können. In einigen Situationen mag es besser sein, den Anderen gewinnen zu lassen; sein Sieg ist vielleicht weniger wert als die Vermeidung Ihres wütenden Geschreis.

Ein freundliches Wort soll Ihnen leichter über die Lippen gehen als ein unfreundliches. Allzu leicht lässt man sich zu abfälligen Bemerkungen hinreißen; diese sind oft schwer zu unterdrücken: Man riskiert, von Bekannten und Kollegen getadelt zu werden, falls man an ihrem unschönen Gerede nicht teilnimmt. Doch folgt man nicht der weisen Maxime: „Wenn du nichts Gutes zu sagen hast, dann schweige lieber", plagt einen am Ende des Tages zwangsläufig das Gewissen, kann das Glück sich nicht einstellen.

> ... inmitten des Chaos, der Feindseligkeit, der Wut und ähnlicher Gefühle eine ruhige Gemütsverfassung einüben. Im Tumult wird oft gerade der gleichmütige Mensch bewundert und geschätzt. Jedenfalls ist er derjenige, der sich für nichts zu entschuldigen braucht.

> ... mir vergegenwärtigen, dass es gut ist, einer Situation, in der das Temperament mit mir durchzugehen droht, erst einmal den Rücken zu kehren – mit dem Versprechen, mich später erneut damit zu befassen. Allzu oft lassen wir unseren Stimmungen oder verletzten Gefühlen freien Lauf und sagen oder tun Dinge, die wir dann bereuen; dadurch verbannen wir das Glück in weite Ferne. Selbst wenn sich herausstellt, dass wir im Recht sind, bedauern wir zwar nicht den Inhalt unserer Worte, wohl aber unsere Ausdrucksweise. Daher ist es angebracht, zum Gegenüber zu sagen: „Ich werde gerade sehr wütend, und das ist nicht der

passende Augenblick, mich zu äußern. Ich gehe nach draußen (setze mich irgendwo hin, unternehme eine Fahrt, was auch immer) und beruhige mich, um die Situation aus einem anderen Blickwinkel zu betrachten. Ich verspreche, dann zurückzukommen und mit dir zu reden." Vergessen Sie nicht: Die Fähigkeit, einen Rückzieher zu machen, ist nicht weniger wichtig als dessen Verwirklichung; ebenso müssen Sie Ihr Versprechen einhalten, das Gespräch zu einem späteren Zeitpunkt wieder aufzunehmen. Legen Sie diesen genauer fest, zum Beispiel auf folgende Weise: „Ich bin in einer Stunde zurück" oder „Ich werde mich mit dir morgen noch einmal darüber unterhalten."

5.
Reichtum und Glück

Die Welt, sie überfordert uns; früh und spät
Erwerbend, zahlend, zehren wir unsre Kräfte auf;
Doch wenig nur in der Natur besitzen wir –
Wir haben, kleinlich geizend, unsre Herzen verkauft.
William Wordsworth

Die Macht materieller Dinge, Glück zu bringen und das Leben mit Freude zu erfüllen, wird enorm überschätzt. Tatsächlich wäre es eine Katastrophe, wenn Reichtum die einzige wahre Quelle des Glücks darstellte, wie so viele Menschen glauben; dann wären die Reichen immer glücklich und die Armen immer unglücklich. Gott sei Dank macht der Reichtum allein nicht glücklich. Eine der größten Enttäuschungen etlicher wohlhabender Leute resultiert gerade aus der Einsicht, dass sie Glück nicht mit Geld kaufen können – und dass die käuflichen Güter nur wenige Bedürfnisse eines sterblichen Wesens stillen.

„Geld hat noch keinen Menschen glücklich gemacht", sagte Benjamin Franklin, „und es enthält nichts, was Glück bewirken könnte."

Trotz solcher Warnungen und ungeachtet dessen, dass einige der gesegnetsten und glücklichsten Geister kaum Waren dieser Welt besaßen, kämpft die Mehrheit weiterhin darum, Reichtümer zu erwerben und dadurch glücklich zu werden. Jene anderen aber verfügten über einen Reichtum, der weder durch Geld noch durch Neid zu erlangen war. Doch die meisten von uns beneiden nicht sie, sondern die Millionäre und Milliardäre.

Warum sollte der Blick auf den Wohlstand der anderen die Wertschätzung meiner Besitztümer sowie die Freude daran zunichte machen? Warum sollte ich das Meine weniger genießen, nur weil jemand anders mehr hat? Warum sollte die Tatsache, dass er oder sie reicher ist als ich, das entwerten, was ich habe? Warum sollte ich mich herabsetzen und vor denen katzbuckeln, die ein großes Vermögen zusammenraffen konnten? Ist Geld der Maßstab der Dinge, die der Mühe lohnen? Ist das Vermögen höher einzustufen als der Mensch? Wenn wir nach wahrem Glück suchen, muss es in uns etwas geben, das feiner, reichhaltiger und unendlich größer ist als der ständige Gedanke daran, wie viele materielle Dinge wir um uns herum anhäufen können.

Im Grunde bringt das bloße Streben nach Reichtum zahllose Feinde hervor, die dann versuchen, uns zahllose Dinge anzutun, die nicht zu unserem Besten sind, die unsere Seele und unseren Charakter verderben. Viele Reiche sind berüchtigt dafür, dass ihre Namen fehlen, wenn diejenigen genannt werden, die sich ehrenwerten Aufgaben widmen. Sie spenden selten für die Armen, leisten kaum einen Beitrag für wohltätige Zwecke und gehören fast nie einer Organisation an, die notleidenden Menschen hilft. Wer so reich ist und zugleich so armselig in allen anderen Lebensbereichen, ist nicht reich, sondern armselig.

Wenn wir uns nur auf die Habgier konzentrieren, wenn wir ständig die Geldmacherei und den Eigennutz ins Auge fassen, so gibt es in unserem Denken nichts, das uns Glück bescheren könnte. Darüber hinaus entwickelt sich das, was als Gewohnheit begann, zur Sucht, und wenn jemand süchtig ist, verliert er den Sinn für moralische Verpflichtung, die Wertschätzung für Aufrichtigkeit und Wahrheit, und wird nur immer gerissener, um sich jene Dinge zu beschaffen, die sein Verlangen befriedigen. Unter solchen Bedingungen kann nichts entstehen, was Liebe hervorruft. Die unheilvollen Neigungen töten jene zarteren Eigenschaften ab, die Anmut und Schönheit, Zufriedenheit und Glück verheißen.

Reichtum bringt viele neue Verpflichtungen mit sich, die wiederum mit zusätzlichen Problemen verbunden sind. Anstatt eine Leere auszufüllen, erzeugt er Leere. Robert Louis Stevenson erkannte, wie sehr materielle Dinge den Höhenflug der Seele behindern. Einmal telegrafierte er seine Glückwünsche an einen Freund, dessen großes und prächtiges Haus in Flammen aufgegangen war. Stevenson hatte nämlich Eines begriffen: Obwohl viele meinen, sie wären vollkommen glücklich, wenn sie nur genug Geld bekommen könnten, um frei zu sein und sich all ihre Wünsche zu erfüllen, stellen sie dann im Besitz eines Vermögens fest, dass dieses ihnen ungeahnte Qualen bereitet. Im vorliegenden Fall war die Frau von Stevensons Freund zum Wahnsinn getrieben worden, weil sie eine Schar von Bediensteten zu überwachen und die mannigfachen häuslichen Angelegenheiten zu regeln hatte.

Eine der schädlichsten Auffassungen, die je vorgebracht wurden, ist die, dass wahres Glück durch materielle

Dinge zu erlangen sei. Das ist ein großer Irrtum. Wahres Glück bemisst sich nicht nach der Quantität der Besitztümer, sondern nach der Qualität des Herzens und des Geistes. Ein üppiges Bankkonto kann nie jemanden reich an Glück machen. Es ist der Geist, der Körper und Leben reich macht. Wer arm im Herzen ist, kann nie reich an Glück sein, egal, über wie viel Geld oder Land er verfügt.

Ein wohlhabender Mann, der gefragt wurde, welche Tat ihm das größte Glück beschert habe, gab zur Antwort: die Tilgung der Hypothek auf dem Haus einer armen Frau, das über deren Kopf hinweg verkauft werden sollte. Indem er ihr half, das Haus zu retten, empfand er tiefere Freude und Befriedigung als durch all seine geschäftlichen Unternehmungen.

Die unglücklichsten Menschen, die ich kenne, machen sich gerade aufgrund ihrer abwegigen Vorstellungen, ihrer verkehrten Ausrichtung auf die Welt der Dinge und ihrer falschen Wertmaßstäbe das Leben zur Hölle.

Kürzlich erzählte mir ein Angestellter die folgende Geschichte: „Ich bin bloß ein gewöhnlicher Mechaniker, und mein Chef redet so, als wäre ich ein Versager, weil ich keine eigene Firma habe und nicht reich geworden bin. Er sagt, jeder, der auch nur ein wenig Verstand und Mut habe, sollte in diesem Land der unbegrenzten Möglichkeiten fähig sein, ein Vermögen zu machen. Er und ich beurteilen das, was im Leben Erfolg und Glück darstellt, völlig unterschiedlich. Er blickt auf mich herab, betrachtet mich als einen Niemand, weil ich nicht in einer so vornehmen Gegend wohne wie er und mir kein Auto leisten kann. Meine Familie ist anders gekleidet als die seine. Meine Kinder haben nicht den gleichen Umgang wie seine

Kinder. Wir gehören nicht seiner sozialen Schicht an. Ich werde nicht eingeladen, in Ausschüssen mitzuwirken oder an Sitzungen des Verwaltungsrats teilzunehmen. Und doch genieße ich – auch diese Wahrheit soll nicht verschwiegen werden – bei meinen Nachbarn ein größeres Ansehen als mein Chef. Man hält ihn für schlau, einfallsreich und für einen weit blickenden Planer. Die Leute haben Respekt vor seinem Geld, aber nicht vor ihm. Sein Vermögen macht sie unterwürfig.

Ich fing bei Mr.B. als Laufbursche an, für drei Dollar die Woche. In wenigen Jahren habe ich mich zum Mechanikermeister hochgearbeitet. Ich glaube, dass ich mehr Achtung vor meiner Tätigkeit habe als er vor der seinen. Eine hervorragend ausgeführte Arbeit entzückt mich genauso, wie ein herrliches Gemälde einen Künstler entzückt. Hingegen scheint mein Chef in seiner Beschäftigung lediglich die brauchbarste Methode zu sehen, immer mehr Geld anzuhäufen."

Wer derart in Anspruch genommen wird von seiner Tätigkeit wie der Chef dieses Mechanikers, so verstrickt ist in ein kompliziertes Leben, so aufgerieben wird von Kampf und Druck, von Sorge und Angst, die mit übertriebener Geschäftigkeit einhergehen, kann weder wirklich reich noch glücklich sein. Gewiss, wenn wir in unserem Innern alles ignorieren, was nach dem Guten, Schönen und Wahren strebt, wenn wir nur den rohen Teil unserer selbst gelten lassen, können wir zwar die Freuden des Rohlings erfahren, aber wir werden nie jenes Glück kennen lernen, das uns als Menschen zu Gebote steht.

Das höchste Ziel unseres Lebens sollte darin bestehen, so viel wie möglich Liebreiz und Schönheit in uns aufzunehmen. Nicht der Besitz von Geld macht echten Reichtum aus, gewährt die tiefste Befriedigung, weckt das Bewusstsein von edler Leistung oder gibt die Garantie dafür, dass wir unseren Auftrag erfüllen und jene versiegelte Botschaft richtig lesen, die der Schöpfer uns von Geburt an mit auf den Weg gab. Die kostbarsten Reichtümer befinden sich dort, wo kein Geld hinreicht, und sind unabhängig vom Schicksal; sie können im Auf und Ab des Lebens nicht verloren gehen. Glück lässt sich ebenso wenig kaufen wie Liebe oder Achtung.

Allein die Treue zu unveränderlichen Grundsätzen, die den Menschen verfeinern und erheben, kann dauerhaftes Glück schenken. Materielle Dinge dagegen verändern sich ständig, sind immer flüchtig; ihnen haftet nichts Bleibendes an. Ralph Waldo Emerson brachte es auf den Punkt: „Nichts außer dem Triumph der Grundsätze kann dir Frieden geben." Und Thomas Paine erklärte: „Mäßigung im Temperament ist immer eine Tugend, aber Mäßigung im Grundsatz ist immer ein Laster." Das heißt: Wer kein hohes Ideal, kein kühnes Lebensziel hat, kann nicht wahrhaft glücklich sein.

Das Streben nach finanziellem Reichtum steht häufig in krassem Widerspruch sowohl zu den Grundsätzen wie zur Einfachheit und hat ein kompliziertes, aufreibendes Leben zur Folge – und wir Menschen sind nun einmal so beschaffen, dass ein derartiges Leben unserem Wohlergehen ebenso wenig förderlich ist wie unserem Glück.

Immer wieder habe ich eine weite Strecke zurückgelegt, um eine schlichte Behausung in Amesbury, Massachusetts, aufzusuchen. Das gesamte Anwesen würde nicht viel kosten, aber die Tatsache, dass der amerikanische Dichter John Greenleaf Whittier dort lebte, verleiht ihm einen unschätzbaren Wert. Männer und Frauen überqueren Kontinente, um es zu besichtigen. Leidenschaftliche Bewunderer des Dichters nehmen von diesem Ort kleine Holzstücke, wilde Blumen, Blätter und alle sonstigen Arten von Souvenir mit, um sich daran zu erinnern, dass hier ein großer Mensch – ein edles Geschöpf der Natur – seine Tage zubrachte.

Eine ganze Reihe von Menschen in diesem Land betrachtet Whittier, den einfachen Dichter, als eine der herrlichsten Kostbarkeiten, die Amerika je hervorgebracht hat; doch vom kommerziellen Standpunkt aus gesehen war das, was er der Welt hinterließ, nicht mehr wert als ein paar Balladen.

Und was für Whittier gilt, trifft auch auf die so genannten Armen zu, in deren Wohnungen und Leben wir oft mehr von dem finden, was eine edle Gesinnung bewirkt, was über das Alltägliche und Gemeine hinweghebt und die Seele veranlasst, sich höher empor zu schwingen, als in den herrschaftlichen Villen einiger Millionäre, wo der Reichtum durch teure Teppiche, Wandbehänge, Möbel und Einrichtungsgegenstände – also durch aufwändige Dekoration – zur Schau gestellt wird, aber nichts vorhanden ist, das den geistigen Qualitäten des Lebens entspräche.

Wer würde das Andenken an Whittier beleidigen durch die Frage, ob er reich war? Wer würde den Namen Abraham Lincolns entweihen durch die Frage, wie viel Geld er hinterließ?

Und dennoch: Wie viele von uns glauben weiterhin daran, dass sie Glück kaufen können?

Allerdings ist es bislang niemandem gelungen, wahres Glück durch Bestechung zu erlangen. Es gibt einen Preis für das Glück, und der Arme mag ihn ebenso gewinnen wie der Reiche.

Es ist töricht, einen so starken Akzent auf Geld und auf Kaufkraft zu legen. Mit Geld können wir vielleicht in den Genuss kurzfristiger Vergnügen kommen, aber wenn wir um solch flüchtiger Belohnungen willen unser ganzes Leben der Jagd nach Reichtum widmen, verwechseln wir Vergnügen mit Glück.

Ich will damit nicht andeuten, dass Reichtum und Wohlstand an sich falsch, Armut und Bedürftigkeit hingegen edel seien – oder dass alle begüterten Menschen einen schändlichen Charakter hätten. Doch wer nach Glück strebt, muss einen höheren Beweggrund in sich tragen, um es tatsächlich auch zu finden. Um Menschen glücklich zu machen, muss das Geld ihrer geistigen Natur dienen – der Entwicklung des Guten in ihnen und in anderen.

Nur diejenigen, die das Gute, das Wohlergehen, das Glück beim Anderen suchen, können es bei sich selbst finden. Männer und Frauen sind bekanntlich gerade durch ihr tiefes Gefühl, das Richtige getan zu haben, selbst unter den widrigsten Bedingungen glücklich geworden. Ohne dieses Gefühl blieben sie unglücklich, auch wenn sie jedes weltliche Bedürfnis befriedigen konnten.

Nur Seelengröße, ausgeprägte Uneigennützigkeit, Liebe, die dem Anderen gilt, Hände, die helfen, und ein Herz, das mitfühlt, machen wahren Reichtum aus und schenken ihrem Besitzer die Freude desjenigen, der weiß, dass er den eigentlichen Zweck des Lebens erfüllt.

Das menschliche Herz begehrt immer etwas. Unglück

ist Ausdruck des Verlangens, etwas zu bekommen. Glück hingegen ist Ausdruck des Verlangens, etwas zu geben. Mit anderen Worten: Glück und Unglück gehen einher mit Verlangen. Um also wahrhaft glücklich zu sein, müssen wir das eine Verlangen unterbinden und das andere Verlangen nähren.

Trotzdem sehen wir nach wie vor Menschen, die ihre edleren Eigenschaften verkümmern lassen, um durch rastloses Streben ein bisschen mehr Geld in der Tasche zu haben. Viele haben Familie, Zuhause, Freundschaften, Gesundheit, Annehmlichkeiten und sogar ihre Ehre geopfert, um jenes verzehrende Feuer im Innern, jenes schreckliche Verlangen nach mehr und noch mehr zu besänftigen; sie verspüren ständig Hunger und Durst, die niemals zu stillen sind, die jedoch all ihre höheren Ambitionen zerstören, all die feineren, sanfteren und empfindlicheren Seiten ihres Charakters verderben, bis sie schließlich abstumpfen und unempfänglich werden für das Schöne, Anmutige und Wahre.

Bietet ein Mensch, der völlig gefangen ist in Habgier und Gewinnsucht, nicht einen erbärmlichen Anblick? Er hat keinen Sinn mehr für das Beste im Leben. Er würdigt nicht den Glanz, die Größe, die Erhabenheit des Daseins.

Wehe denen, die dem Hang zu Reichtümern blind nachgeben – in der Erwartung, dass diese ihnen geistigen Frieden bescheren werden. Denn je mehr man einer krankhaften Leidenschaft frönt, desto ungestümer wütet sie. Es ist wie mit dem Alkohol – je mehr das Opfer trinkt, desto mehr verzehrt es sich nach ihm.

Um wahres Glück zu erleben, müssen wir uns zutiefst danach sehnen, andere Menschen zu unterstützen und zu beglücken; uns eher für das schätzen, was wir sind, als für das, was wir haben – und die Fähigkeit besitzen, in jeder Situation einen besonderen Wert zu sehen. All das trägt zum eigenen Glück bei.

Wer reich ist, ohne solche höheren Ziele zu verfolgen, wird bald abkommen vom Weg, der zum Glück führt.

Wenn Sie die genannten Eigenschaften nicht zur Entfaltung bringen, wenn Sie sie nicht als notwendige Merkmale und Grundsätze für Ihre persönliche Entwicklung und Verfeinerung anerkennen, wird sich Ihnen das Glück immer entziehen; dann werden Sie nie die Freude und die Befriedigung des wahren Lebens erfahren – selbst wenn Sie Millionär sind.

* * *

Heute werde ich ...

... meine Prioritäten näher untersuchen. – Räumen Sie dem Gelderwerb einen höheren Stellenwert ein als den Gaben, die aus Ihrem Innern kommen? Verschieben oder streichen Sie Zeit und Zuneigung für Ihre Familie, indem Sie sie um Verständnis dafür bitten, dass Ihre Arbeit Sie voll und ganz beansprucht? Haben Sie etwa aus diesem Grund geheiratet? Haben Sie deshalb eine Familie gegründet?

... mich fragen, ob ich aus meinem Leben wirklich etwas mache oder nur meinen Lebensunterhalt verdiene. – Falls das Letztere zutrifft: Was können Sie konkret tun, um dies zu ändern?

... jene Grundsätze aufnotieren, von denen ich zutiefst überzeugt bin, und dann herausfinden, ob ich irgendeinem davon wegen meiner Arbeit untreu geworden bin, um so mehr Geld zu verdienen. – Wenn das der Fall ist: Was können Sie unternehmen, um das Gleichgewicht wiederherzustellen, um jenen geschätzten Grundsätzen – die Ihnen das Gefühl geben, ein wertvoller Mensch zu sein, der vor allem über geistigen Reichtum verfügt – in Ihrem Leben neue Geltung zu verschaffen?

... darauf achten, ob ich das verdiente Geld benutze, um mein Glück zu vergrößern – oder nur, um ein Verlangen zu stillen und kurzzeitig Spaß zu haben. In der heutigen Welt allgegenwärtiger Technologie gibt man sich leicht dem Irrglauben hin, stets das Neueste besitzen zu müssen – den neuesten Computer, die neueste Ausrüstung usw. –, wo doch das, was man gerade hat, einem durchaus gute Dienste leistet. Halten die Ausgaben für neueste Errungenschaften sowie die Schulden, die Sie sich vielleicht aufladen, Sie davon ab, mit Ihrem Ehepartner, mit Ihren Kindern im Restaurant zu Abend zu essen, einem Konzert beizuwohnen, ein Spiel zu spielen, im Park zu picknicken? Oder halten Ausgaben und Schulden – wenn Sie noch nicht verheiratet sind – Sie davon ab, sich ein Konzert, ein Spiel, ein Essen im Restaurant, einen Kinobesuch usw. zu gönnen?

... einen Teil meines Einkommens für Freizeitaktivitäten zurücklegen. – Es gibt zahlreiche

Quellen, die Ihnen geistiges Glück schenken: das Orchester oder die Tanzgruppe in der Gemeinde; die lokale, nichtkommerzielle Radiostation; die Kirche, der Tempel, das Yoga-Zentrum, das Meditationszentrum usw. Jede dieser Organisationen veranstaltet Aktionen, bei denen Gelder geammelt werden, oder bittet regelmäßig um Spenden, um Ihnen auch weiterhin das bieten können, was Sie innerlich aufbaut. Legen Sie einen gewissen Geldbetrag für diese Organisationen beiseite. Er muss nicht sehr hoch sein. Es ist das Geben, das Ihnen Glück beschert.

6.
Geben

Geben ist seliger als nehmen.
Apostelgeschichte 20,35

Als Eugène Delacroix, der berühmte französische Maler, einmal mit dem Baron James Rothschild zu Abend aß, bekannte er, dass er seit einiger Zeit vergeblich nach einem Kopf suche, der ihm als Modell für den des Bettlers auf einem Bild dienen würde, an welchem er gerade male; und dass ihm, als er die Gesichtszüge seines Gastgebers betrachtet habe, plötzlich die Idee gekommen sei, hier den gewünschten Kopf gefunden zu haben. Rothschild, ein großer Kunstliebhaber, willigte sofort ein, als Bettler Modell zu sitzen. Am nächsten Tag im Atelier legte Delacroix eine Tunika um die Schultern des Barons, gab ihm einen dicken Stock in die Hand und ließ ihn so posieren, als säße er auf den Stufen eines antiken römischen Tempels. In dieser Haltung entdeckte ihn einer der Lieblingsschüler des Meisters, als dieser kurz den Raum verlassen hatte. Der junge Mann ging selbstverständlich davon aus, dass der Bettler gerade hereingebracht worden war, und drückte ihm mit einem mitfühlenden Blick ein Geldstück in die Hand. Rothschild dankte unauffällig, steckte das Geld in die Tasche, und der Schüler entfernte sich. Rothschild befragte dann den Maler nach dem jungen Mann und erfuhr, dass er zwar über Talent verfüge, doch nur über sehr geringe finanzielle Mittel. Bald darauf erhielt der junge Mann einen Brief, der besagte, dass Nächstenliebe Zinsen trage und dass die aufgelaufenen Zinsen für jenen Betrag, den er einem vermeintlichen Bettler habe zukommen lassen, die Summe von 10 000 Francs ergäben, die im Büro der Firma Rothschild darauf warteten, in Anspruch genommen zu werden.

Kein Mensch ist so arm, dass er nicht jeden Tag etwas geben könnte, um jemand anders zu bereichern.

„Die köstlichste und zugleich vernünftigste aller Freuden besteht darin, die Freuden der anderen zu fördern", sagte der französische Schriftsteller Jean de La Bruyère.

In ähnlicher Weise erklärte der amerikanische Schriftsteller Nathaniel Hawthorne, die innere Freude, jemand anderem Freude zu schenken, sei die vorzüglichste überhaupt. Und der schottische Historiker und Philosoph Thomas Carlyle vertrat die Ansicht: „Es gibt nichts Größeres, als einen Winkel in Gottes Schöpfung fruchtbarer, besser und Seiner würdiger zu machen; ein menschliches Herz etwas weiser, glücklicher, gesegneter und weniger abscheulich zu machen!"

Was wäre wertvoller als die Freude, einen rühmlichen Beitrag zu den Werken der Welt geleistet zu haben?

Den Kelch der Freude an alle weiterzugeben, ist wahrhaftig eine engelgleiche Angelegenheit, und es gibt keine Tätigkeit, die das Schöne im Menschen mehr begünstigte, als sich daran zu beteiligen.

„Der hohe Wunsch, dass andere glücklich sein mögen, duftet nach Himmel."

Das Andenken an jene, die ihre Tage damit zubringen, anmutige Bilder des Glaubens und des Vertrauens in die düsteren Gallerien der Unglücklichen zu hängen, wird auf der Erde niemals vergehen.

Wer mit Geld etwas Gutes tut, taucht sein Leben ins Licht der Freude. Wie glücklich war demnach das Leben der englischen Dichterin Jean Ingelow, denn die Einkünfte aus dem Verkauf von einhunderttausend Exemplaren ihrer Gedichte und fünfzigtausend Exemplaren ihrer Prosaarbeiten spendete sie zum großen Teil für wohltätige Zwecke; ein einzigartiges Werk der Nächstenliebe bestand in ihrem so genannten „Copyright-Abendessen", das sie drei Mal wöchentlich armen Menschen servierte, die gerade aus den umliegenden Krankenhäusern entlassen worden waren! Niemand beglückte diese Geste mehr als die Dichterin selbst.

Der große englische Kunsthistoriker und Sozialphilosoph John Ruskin erbte eine Million Dollar. „Mit diesem Geld machte er sich daran, Gutes zu tun", sagte ein Autor in der Zeitschrift Arena. „Er half mittellosen jungen Männern und Frauen, eine Ausbildung zu erhalten, gab Arbeitern und Arbeiterinnen ein Zuhause und ließ mustergültige Wohnhäuser errichten. Darüber hinaus förderte er ein Projekt zur Erschließung von Brachland außerhalb Londons."

Ruskin unterstützte großzügig arme Künstler und setzte sich nachdrücklich dafür ein, den künstlerischen Geschmack junger Menschen zu entwickeln. Einmal erwarb er zehn zarte Aquarelle von Holman Hunt für 3750 Dollar, die in Londoner Internaten aufgehängt wurden. Bis zum Jahre 1877 hatte er neben all den Einkünften aus seinen Büchern drei Viertel des Erbes ausgegeben. Doch die dringenden Bedürfnisse der Armen sowie seine Pläne, die Arbeiterschaft zu bilden, das Leben dieser Menschen zu erleichtern, mit mehr Sonnenschein und Freude zu erfüllen, veranlassten ihn dazu, auch den Rest seines Vermögens zu verteilen – bis auf eine Summe, die ihm zum Leben 1500 Pfund jährlich einbrachte.

Wenn Sie bedrückt und niedergeschlagen sind, so holen Sie eine Weltkarte hervor, um abzuschätzen, wie viele Millionen Menschen das eigene Schicksal gern gegen das Ihre eintauschen würden. Entwerfen Sie dann einen realistischen Plan, um so vielen Leuten wie möglich alles erdenklich Gute zu tun – und Sie werden Ihre Trübsal vergessen.

Nachdem „Chinese Gordon" treu und heldenhaft der großen chinesischen Revolution gedient und die höchsten Auszeichnungen der neu gegründeten Republik erhalten hatte, kehrte er nach England zurück, ohne sich um das Lob zu kümmern, mit dem er überschüttet wurde. Er ließ sich in Gravesend nieder, wo er Jungen von der Straße in sein Haus holte, die er unterrichtete, zu Männern machte und denen er Plätze auf Schiffen sicherte, um sie dann in alle Winkel der Welt mit Briefen voller Ermutigungen und Ratschläge zu begleiten.

Jene, die aus dem Leben das Meiste herausholen, tun auch am meisten, um andere zu erheben!

Wie glücklich waren jene Kleinen Schwestern der Armen in Tours, die mit Scheren ihre letzte Bettwäsche zertrennten und mit einer alten Frau teilten, die nachts an ihre Tür geklopft und um Aufnahme gebeten hatte!

Und wie selig war jene amerikanische Schullehrerin, die während des Bürgerkriegs das beste Zimmer in einem Bergsanatorium aufgab, das sie lange vor Eröffnung der Saison belegt hatte, und stattdessen das kärglichste Zimmer bezog, um damit einem gerade aus dem Feldlazarett entlassenen Soldaten eine komfortable Unterkunft zu bieten!

Wie viele unter uns bringen bereitwillig ein großes Opfer, missachten aber jene kleinen freundlichen Gesten, die das Leben zahlreicher Menschen aufhellen und angenehmer machen? Es kommt vor allem darauf an, jeder Person, der wir begegnen, ein klein wenig Gutes zu tun; dazu braucht es nicht mehr als einen kurzen Blick, eine spontane Sympathiebekundung und etwas Taktgefühl.

Einer unserer größten Fehler ist, dass wir unser Lächeln, unsere freundlichen Worte und unser Wohlwollen für die Menschen aus „unserem Kreis" oder für jene, die momentan nicht bei uns sind, oder für irgendeinen späteren Zeitpunkt aufsparen.

„Wenn ein oder zwei Worte jemand anders glücklich machen", sagte ein Franzose, „muss man schon wirklich ein Schuft sein, um sie nicht auszusprechen. Es ist, als würde man die Kerze des Anderen mit der eigenen entzünden, die durch dessen Gewinn nichts von ihrer Leuchtkraft einbüßt."

Sydney Smith empfiehlt uns, jeden Tag mindestens einen Menschen glücklich zu machen: „Auf zehn Jahre gerechnet, ergibt das dann 3650 Menschen – das heißt, man leistet seinen Beitrag, um den Vorrat an allgemeiner Freude in einer ganzen Kleinstadt zu vergrößern."

Dr. Raffles sagte einmal: „Ich habe es mir zur Regel gemacht, niemals zehn Minuten mit einem Menschen zu verbringen, ohne ihn glücklicher machen zu wollen." Und Dr. Dwight bemerkte: „Wer ein kleines Kind eine halbe Stunde lang glücklicher macht, ist ein Mitarbeiter Gottes."

Ein Junge sagte zu seiner Mutter: „Ich konnte kleine Schwester nicht glücklich machen, hab's einfach nicht geschafft. Aber weil ich versucht hab', sie glücklich zu machen, hab' ich mich glücklich gemacht."

„Ich mach' Jim glücklich, und er lacht", sagte ein anderer Junge über seinen behinderten Bruder, „und das macht mich glücklich, und ich lache."

Es gab einmal einen König, der seinen Sohn abgöttisch liebte und nichts unversucht ließ, ihn zu erfreuen. So gab er ihm ein Pony zum Reiten, herrliche Gemächer, zahllose Bilder, Bücher und Spielzeuge, Lehrer, Freunde und alles Übrige, was man mit Geld kaufen oder durch Einfallsreichtum ersinnen kann. Doch ungeachtet dessen war der junge Prinz unglücklich. Er blickte finster drein, wohin er auch ging, und wünschte sich immer etwas, das er noch nicht hatte. Schließlich kam ein Zauberer an den Hof. Er sah den finsteren Gesichtsausdruck des Jungen und sagte zu dem König: „Ich kann den Sohn Eurer Majestät glücklich machen und die Runzeln auf seiner Stirn in Lächeln verwandeln, aber Sie müssen mir einen hohen Preis dafür zahlen, dass ich ihm dieses Geheimnis offenbare." – „In Ordnung", erwiderte der König, „ich erfülle dir jeden Wunsch." Der Zauberer führte den Jungen in ein Privatzimmer und schrieb mit einer weißen Flüssigkeit auf ein Blatt Papier. Er gab dem Jungen eine Kerze, forderte ihn auf, sie zu entzünden, unter das Papier zu halten und zu lesen, was da geschrieben stand. Daraufhin entfernte sich der Zauberer. Der Junge tat, was ihm aufgetragen worden war, und die weißen Buchstaben nahmen eine wunderbare blaue Farbe an. Sie ergaben die folgenden Worte: „Erweise täglich jemandem einen Gefallen." Der Prinz nahm sich diesen Rat zu Herzen und wurde zum glücklichsten Jungen im Königreich.

„Glück", sagte ein Schriftsteller, „ist ein Mosaik, das sich aus vielen kleinen Steinen zusammensetzt."

Es sind die kleinen freundlichen Gesten, die unscheinbaren Höflichkeiten, die innere Bereitschaft, entgegenkommend, hilfreich, verständnisvoll, uneigennützig zu sein, keine Gefühle zu verletzen, keine Wunden bloßzustellen, die Schwächen der anderen mit Nachsicht zu beurteilen, Rücksicht walten zu lassen, die dann, abends zusammengenommen, das Geheimnis eines glücklichen Tages ausmachen. Um wie vieles größer sind all jene kleinen Taten als ein bemerkenswert gutes Werk einmal im Jahr!

Unser Leben besteht aus zahlreichen Nebensächlichkeiten; Notfälle treten eher selten ein. „Kleine Dinge, unwichtige Ereignisse, Erfahrungen, die so belanglos sind, dass sie kaum eine Spur hinterlassen, ergeben die Summe des Lebens."

„Was für ein Geschenk", sagte Henry Ward Beecher, der große amerikanische Prediger der Freude, „alle Menschen besser und glücklicher zu machen, ohne sich dessen bewusst zu sein! Wir gehen nicht davon aus, dass Blumen wissen, wie wunderbar sie sind. Diese Rosen und Nelken haben mich einen Tag lang glücklich gemacht. Dennoch stehen sie eng zusammen in meinem Krug, offenbar ohne Kenntnis zu haben von den Gedanken, die ich über sie hege, oder von dem anmutigen Werk, das sie tun. Dies gilt auch für jene Personen, die auf natürliche Weise aus dem

Herzen sprechen, deren Wesen groß und strahlend ist und die durch ihre spontanen Handlungen andere beruhigen, anspornen und unterstützen. Gott segne solche Menschen, denn sie segnen jedermann!“

Was für ein inniges Geschenk muss es daher für John B. Gough gewesen sein, als er sich der folgenden Begebenheit in seinem Leben erinnerte: „Ich sollte in einer Stadt in Großbritannien, zehn Kilometer von der nächsten Bahnstation entfernt, einen Vortrag halten, und ein Mann fuhr mich im Auto von der Station in die Stadt. Ich bemerkte, dass er seltsam nach vorn gelehnt dasaß, das Gesicht nah an der Windschutzscheibe. Bald faltete er ein Taschentuch auseinander und band es sich um den Hals. Ich fragte, ob ihm kalt sei. ‘Nein, Sir.’ Dann band er es um den Kopf. Ich fragte ihn, ob er Zahnschmerzen habe. ‘Nein, Sir’, gab er mir zur Antwort. Er saß weiterhin in vornüber gebeugter Haltung. Schließlich sagte ich: ‘Könnten Sie mir bitte sagen, warum Sie sich so nach vorn lehnen mit einem Taschentuch um den Hals oder Kopf, wenn Sie weder frösteln noch Zahnschmerzen haben?’ Sehr leise erwiderte er: ‘Die Frontscheibe ist defekt, und der Wind ist kalt, und ich versuche, Sie davor zu schützen.’ Überrascht fragte ich: ‘Sie halten doch nicht etwa den Kopf vor diese defekte Scheibe, um mich vor dem Wind zu schützen, oder?’ – ‘Doch, Sir, genau das tue ich.’ – ‘Und warum tun Sie das?’ – ‘Gott segne Sie, Sir! Ich schulde Ihnen alles, was ich habe.’ – ‘Aber ich habe Sie noch nie gesehen!’ – ‘Nein, Sir, aber ich habe Sie gesehen. Ich war früher ein Balladensänger. Mit einem halb verhungerten Baby im Arm und einer ungepflegten Frau hinter mir, deren Augen die Hälfte der Zeit erloschen waren, ging ich von Haus zu Haus, um Almosen zu sammeln. Ich hörte Ihren Vortrag in Edinburgh, und Sie teilten mir mit, dass ich ein echter Mann sei; und als ich jenes Haus verließ, sagte ich mir: Mit Gottes Hilfe werde ich tatsächlich ein Mann sein. Heute habe ich eine glückliche Frau und ein gemütliches Zuhause. Gott segne Sie, Sir! Ich würde meinen Kopf in jedes Loch unter dem Himmel stecken, wenn Ihnen dies irgendwie von Nutzen wäre.'"

„Lebe für etwas", sagte Dr. Chalmers. „Tue Gutes und hinterlass ein Denkmal der Tugend, das der Sturm der Zeit niemals zerstören kann. Schreibe deinen Namen in Gestalt von Freundlichkeit, Liebe und Barmherzigkeit auf die Herzen derer, die mit dir in Berührung kommen, dann wirst du nie vergessen werden. Gute Taten werden auf der Erde genauso hell leuchten wie die Sterne am Himmel."

„Es hat keinen Sinn zu leben", erklärte Robert Waters, „wenn man nur für sich selbst lebt. Es ist keinesfalls notwendig, ein Vermögen zu machen, aber absolut notwendig, ein gerechter, ehrenwerter, nützlicher Mensch zu werden, der auf all seinen Wegen Güte und Freude ausstrahlt und das eigene Leben in einen Segen verwandelt."

Doch wie viele unter uns horten dagegen ihre Reichtümer? Wie viele gehen bedauerlicherweise so durchs Leben, dass sie den Blick starr auf ein fernes Ziel richten und jeden Muskel anspannen, um es zu erreichen? Dabei bieten sich uns unzählige Gelegenheiten, anderen Menschen über schwierige Situationen hinwegzuhelfen, den oft trüben Alltag zu erhellen und zu verschönern. Aber wir sehen sie nicht. Ohne Sinn für all das, was den eigenen Ambitionen nicht unmittelbar dient, erreichen wir schließlich unser Ziel. Wir finden zwar, was wir gesucht haben, aber auf Kosten dessen, was das Leben angenehmer macht und verfeinert, erhöht und bereichert.

Was macht uns glauben, dass wir morgen wunderbare Dinge tun werden? Warum erscheint uns das Heute so arm an Versprechen, das Morgen aber so rosig, so poetisch?

Aus welchem Grund nehmen Sie an, dass Sie zu irgendeinem Zeitpunkt vollkommen ausgeglichen und glücklich, selbstlos und hilfsbereit sein werden, wenn Sie heute hartherzig sind? Woher kommt Ihre Erwartung, in ferner Zukunft über so viel Zeit zu verfügen, dass Sie Briefe an Ihre Freunde und jene Personen schreiben werden, die krank und entmutigt sind, dass Sie sich selbst bessern und Ihren Horizont erweitern werden, wenn Sie heute für all das keine Zeit finden?

Was ist es, das der Zukunft anhaftet und das unserer Ansicht nach die Gegenwart wie durch Zauberhand so positiv verändern kann?

Weshalb meinen Sie, dass Sie eines Tages die vielen Dinge aufsammeln und ordnen werden, die im Haus herumliegen und für Sie fast überflüssig sind – für ärmere Menschen jedoch wertvoll wären; dass Sie einen großen Karton mit abgelegter Kleidung, Büchern, Bildern und anderen Gegenständen herrichten werden, um ihn nächste Woche oder nächsten Monat jenen Personen zukommen zu lassen, die derlei wirklich brauchen? Das haben Sie früher nicht getan, und Sie tun es heute nicht; warum also geben Sie sich das Versprechen, es morgen zu tun?

Wie viele Leute verstauen – nicht aus Geiz, sondern aus Gedankenlosigkeit und Unkenntnis der Nöte anderer – Dinge im Keller oder im Speicher, die dazu beitragen könnten, einem armen Jungen oder Mädchen den Weg in eine große Zukunft zu ebnen!

Gehen Sie heute auf den Speicher. Werfen Sie auch einen Blick in den Kofferraum und ums Haus; achten Sie genauer darauf, wie viele Sachen da herumliegen, die Sie nicht nur leicht entbehren können, sondern die Ihnen wirklich lästig sind und gerade den Menschen, die es weniger gut haben als Sie, ein gewisses Maß an Behaglichkeit und Glück gewähren würden.

Schauen Sie sich Ihre alten Kleidungsstücke an und sortieren Sie jene aus, die Sie nie wieder tragen werden, die sich aber für einige Arbeitslose oder für Leute, die so viele andere Notleidende unterstützen, dass sie nicht die nötige Kleidung für sich selbst kaufen können, als wahres Geschenk des Himmels erweisen würden. Behalten Sie Sachen nicht so lange, bis diese nutzlos werden, im Glauben, Sie könnten ihrer später noch einmal bedürfen. Lassen Sie sie jetzt etwas Gutes tun, geben Sie sie heute weiter. Die Gegenstände haben ihren Zweck erfüllt. Geben Sie ihnen die Möglichkeit, Boten Ihres Zuspruchs, Ihrer Liebesbeweise und Ihrer Rücksicht auf andere zu sein.

Wahrscheinlich befinden sich in Ihrer Bibliothek oder irgendwo im Haus Bücher, die niemand seit Jahren aufgeschlagen hat oder in Zukunft lesen wird; sie wären für Jungen und Mädchen sowie für Männer und Frauen, die sich unter großen Schwierigkeiten weiterbilden möchten, von unschätzbarem Wert. Verschenken Sie diese Bücher heute. Je mehr Sie hergeben, desto mehr werden Sie haben und genießen. Der gewohnheitsmäßige Geiz erstickt das Glück; das gewohnheitsmäßige Geben vervielfältigt es.

Seien Sie nicht egoistisch, zumindest nicht in Bezug auf jene Dinge, die Sie entbehren können. Horten Sie sie nicht im Gedanken daran, sie irgendwann zu brauchen. Sie können eine unendlich höhere „Investition" zugunsten Ihres Charakters, Ihrer inneren Befriedigung und Ihres Glücks tätigen, wenn sie sich von den Dingen trennen, anstatt sie aufzubewahren im Hinblick auf eine künftige Eventualität, die niemals eintreten wird.

Das Geben wird Ihr Herz besänftigen und Sie ein klein wenig großzügiger machen.

Vor einiger Zeit erzählte mir eine hoch kultivierte junge Frau von ihrem Kampf, eine musikalische Ausbildung zu erhalten. Sie war so arm, dass sie es sich lange nicht leisten konnte, ein Instrument zu kaufen oder zu mieten, und übte täglich mehrere Stunden auf einer Klaviatur, die sie auf ein Stück Packpapier gezeichnet hatte. Im Laufe ihrer Bemühungen, auf diese Weise Fortschritte zu erzielen, wurde sie von einer wohlhabenden Familie zum Abendessen in deren Haus eingeladen. Nach der Mahlzeit zeigte ihr die Gastgeberin das ganze Haus von der Küche bis zum Dachboden.

„Und dort", sagte die junge Frau, „auf dem Dachboden, sah ich ein altes, eingelagertes Klavier, für das ich alles gegeben hätte, um es zu besitzen. Ich wäre froh gewesen, jeden Tag einen weiten Weg zurückzulegen und dann das Vorrecht zu genießen, darauf zu üben. Das köstliche Abendessen, die edlen Möbel, schönen Bilder und überall vorhandenen Zeugnisse von Luxus waren mir egal, aber dieses alte Klavier, das unbenutzt auf dem Dachboden stand, ließ mich nicht mehr los. Es hätte mir das Tor ins Paradies geöffnet, doch ich wagte nicht, danach zu fragen."

Nennen Sie mir jemanden wie jene ältere Dame, die in einem voll besetzten Zug Richtung Westen reiste und immer wieder eine Flasche aus ihrer Tasche nahm, sie aus dem Fenster hielt und etwas herausschüttelte, das wie Salz aussah. Außer Stande, seine Neugier weiter zu zügeln, fragte der Mann neben ihr sie schließlich, was sie da tue. „Oh", antwortete sie, „das sind Blumensamen. Seit vielen Jahren habe ich es mir auf Reisen zur Regel gemacht, entlang der Gleise Samen zu verstreuen, besonders beim Durchqueren der Wüste und in reizlosen Gegenden. Sehen Sie die schönen Blumen dort unten? Nun, sie stammen aus den Samen, die ich vor vielen Jahren an der gleichen Strecke ausgestreut habe."

Ein großer Philanthrop sagte, ihm sei nur geblieben, was er weggegeben habe, wohingegen er sein eigentliches Vermögen wohl für immer verloren habe.

Was wir hergeben, besitzt die wundersame Macht, sich auf dem Rückweg zu verdoppeln und zu vervierfachen. Es ist die großartigste Investition der Welt – sie kommt mit exponentieller Steigerungsrate zu uns zurück.

Geben Sie! Geben Sie! Geben Sie! Das ist die einzige Möglichkeit, die innere Dürre zu vermeiden.

„Wenn ich gebe, gebe ich mich selbst", schrieb Walt Whitman.

Selbstbezogenheit ist Selbstzerstörung. Wer nie jemand anderem hilft, die eigene Geldbörse fest verschließt, sobald die Bitte um eine Gabe geäußert wird, und sagt, er könne sich nur um die eigenen Angelegenheiten kümmern, wer nie besorgt ist wegen seiner Mitmenschen, alle verfügbaren Mittel an sich reißt, alles bekommen und nichts dafür geben will, verwelkt und vertrocknet wie eine

Rosenknospe ohne Wasser, wird kleinlich, gemein und verachtenswert.

Wir alle kennen jene verkümmerten Seelen, die niemals etwas geben, die die Blumenblätter ihrer Hilfsbereitschaft verschließen, den Duft ihrer Liebe und ihres Mitgefühls zurückhalten – und am Ende alles verlieren, was sie für sich horten wollten. Sie sind kalt, leblos, gleichgültig, ihre Sympathien vertrocknet; sie können die höheren und edleren Gefühle des menschlichen Lebens nicht empfinden. Ihre Seelen sind durch Selbstsucht und Geiz förmlich eingefroren. Sie sind derart engstirnig und knauserig geworden, dass sie sogar davor zurückschrecken, ein freundliches Wort oder ein Lächeln zu schenken, weil sie sich auf diese Weise etwas wegnehmen könnten. Sie haben die Fähigkeit eingebüßt, Glanz und Glück auszustrahlen, und infolge eines unveränderlichen Gesetzes bekommen sie auch nichts davon.

Als ein starker Mann in der Turnhalle sah, wie ein zart gebauter Jüngling die Übungen ungeschickt ausführte, sagte er Folgendes zu ihm: „Junger Mann, wie töricht Sie sind, Ihre Energie an diesen Barren und Hanteln zu vergeuden! Sie sind körperlich schwach und sollten Ihre Stärke für Ihre tägliche Arbeit aufsparen. Sie können es sich nicht leisten, Ihre Lebenskraft auf diese Weise zu verschwenden."

„Oh, mein Herr", erwiderte der Andere, „Sie verkennen aber die Idee, die dieser Übung zugrunde liegt. Ich kann meine Kraft nur steigern, indem ich ausgebe, was ich habe. Ich gebe zwar meine Stärke an dieses Gerät, doch es erstattet sie mir quasi mit Zinseszins zurück. Meine Muskeln wachsen gerade dadurch, dass ich mich durch angestrengte Übung verausgabe."

Geben und steigern einerseits, anhäufen und verlieren andererseits – das ist das universelle Gesetz des Wachstums.

„Ich werde meine schönen Blumenblätter einrollen“, sagte die selbstsüchtige Rose. „Ich werde diesen kostbaren Wohlgeruch, diesen Liebesduft aus Sonne und Tau für mich behalten. Es wäre Verschwendung, ihn an achtlose Passanten auszuströmen.“ Doch siehe da, wenn sie aufspeichert, was sie hat, und ihre Reichtümer den anderen vorenthält, schwinden diese, und sie verwelkt und stirbt!

„Ich werde mich verschwenden“, sagte hingegen die großzügige Rose. „Ich werde meine Schönheit und meinen Wohlgeruch jedem zuteil werden lassen, der an mir vorbeikommt.“ Und siehe da, sie blüht auf in einem Rausch aus Süße und Lieblichkeit, den sie nie erträumt hätte. Sie besaß nur ein wenig Duft, bis sie versuchte, ihn der Welt zu schenken. Dann wurde sie zu ihrer Verblüffung von wunderbaren Gerüchen regelrecht überflutet; diese kamen von überallher – entwickelten sich aus der Photosynthese, der Feuchtigkeit in der Luft und den biochemischen Kräften in der Erde.

Die Gewohnheit, täglich etwas Gutes zu tun, jemandem Beistand zu leisten, hier und dort ein unscheinbares Wort des Zuspruchs fallen zu lassen – gegenüber einem Zeitungsverkäufer, einem Ober im Restaurant oder Hotel, einem Busfaher, einem Schwerarbeiter zu Hause oder im Büro, einem armen unglücklichen Menschen in einer erbärmlichen Unterkunft oder auf einer Parkbank –, erweitert und veredelt das Leben, macht den Charakter so schön und wohlriechend wie eine Rose. Das ist jene Art von Geben, die uns „mit Zinseszins“ zurückerstattet wird.

Wohin wir auch gehen, finden wir Gelegenheiten für dieses Geben. Überall entdecken wir jemanden, der Ermutigung braucht, dessen Herz unter einer schweren Last zerbricht, der Mitgefühl und Unterstützung benötigt. Wir wissen nie, welch herrliche Frucht der Samen in Gestalt der belanglosesten freundlichen Geste hervorbringen mag. Viele traurige Herzen wurden schon aufgemuntert durch das Lächeln eines Fremden. Ein liebevoller Blick, der Ausdruck des Wunsches, Hilfe zu leisten, oder ein herzlicher Händedruck haben zahlreichen niedergeschlagenen Menschen Hoffnung und Mut zurückgegeben. Ein netter Brief, ein Zuspruch markierten oftmals den Wendepunkt im Leben derer, die am Rande der Verzweiflung waren.

Es gibt Geschenke, die wertvoller sind als alles, was sich mit Geld kaufen lässt, und die jeder einem anderen Menschen machen kann. Das kleine Mädchen, das all seine Münzen für eine Weihnachtskarte und eine Briefmarke ausgab, um der Großmutter zu schreiben: „Ich liebe Dich, ich liebe Dich, liebe Oma", bringt uns eine wunderbare Lektion bei. Ein solcher Gruß wird der Adressatin mehr bedeuten als viele der so genannten großen Geschenke. Ein freundliches Wort ist gleichsam das Kleingeld des Lebens. Geben Sie es freizügig aus. Je mehr Sie geben, desto reicher werden Sie.

Geben Sie! Geben Sie! Geben Sie hier und jetzt! Bemühen Sie sich, im Laufe der Zeit größer, weitsichtiger, glücklicher und nützlicher für die Menschheit zu werden. Nur diejenigen sind glücklich, die sich auf ein anderes Ziel als das eigene Glück konzentrieren.

Geben Sie, was immer Sie haben; aber schließen Sie in diese Gabe sich selbst mit ein. Die Welt hungert nach

Liebe. „Verstreuen Sie Ihre Blumen auf dem Weg, denn Sie werden ihn nicht wieder beschreiten.“

* * *

Heute werde ich ...

... mich in der Wohnung oder im Haus umsehen. – Was haben Sie zum Beispiel aufbewahrt für einen Regentag? Die Regen kamen und gingen, und diese Sachen sind immer noch in Kartons verpackt. Nehmen Sie einen davon hervor und spenden Sie ihn für einen guten Zweck, überlassen Sie ihn einer wohltätigen Einrichtung, einem Kind oder einem anderen Menschen, dessen Hilfsbedürftigkeit Ihnen bekannt ist.

... mir zweimal überlegen, ob ich jede ins Haus flatternde Bitte um eine Spende für einen guten Zweck – etwa für die Ernährung der Armen oder den ökologischen Schutz der Erde – als „Junkmail“ bezeichne. – Wählen Sie jenes Schreiben aus, das eine Sache vertritt, von der Sie tief überzeugt sind. Falls Sie sich Sorgen machen, ob Ihr Beitrag tatsächlich in Ihrem Sinne verwendet wird, so machen Sie die Organisation ausfindig. Sammeln Sie alle möglichen Informationen darüber und stellen Sie fest, wofür sie ihr Geld ausgibt. Wenn diese Nachforschungen Sie nicht zufriedenstellen, dann nehmen Sie einen weiteren Brief aus dem Stapel heraus, der im Laufe eines Monats eintrifft, und untersuchen Sie erneut die betreffende Organisation. Fahren Sie in dieser Weise fort, bis Sie die richtige Stelle für Ihre Spende gefunden haben.

... mir vergegenwärtigen, dass ich nicht nur Geld und Dinge zu geben habe. – Sie können sich selbst einbringen. Leisten Sie freiwillig Dienst bei einer seriösen Organisation. Helfen Sie aus in einem Pflegeheim oder in einem Tierheim; engagieren Sie sich bei der Olympiade der Behinderten; erkundigen Sie sich, ob es in Ihrer Gemeinde eine Einrichtung gibt, wo blinden Menschen Zeitungsartikel und Bücher vorgelesen werden, und erklären Sie sich bereit, genau das zu tun. Werden Sie zu einem großen Bruder, zu einer großen Schwester.

... mir bewusst machen, dass man leicht dazu neigt, nur den Menschen etwas zu geben, die man nicht kennt, und dabei vergisst, dass „die Nächstenliebe zu Hause beginnt". – Rufen Sie Ihre(n) Ehepartner(in) unverhofft am Arbeitsplatz an und laden Sie ihn (sie) zum Mittagessen ein. Führen Sie Ihre Kinder – vielleicht eins nach dem anderen – zum Abendessen aus; gehen Sie mit ihnen in ein Restaurant, für das sie sich „fein machen" können, wenn ihnen das gefällt. Bieten Sie sich als Trainer in der Sportart an, die Ihr Kind ausübt; oder verkaufen Sie Eintrittskarten, helfen Sie während des Spiels am Getränke- und Imbissstand mit. Planen Sie Ihre Zeit so ein, dass Sie jede Veranstaltung besuchen können, an der Ihr Kind teilnimmt – Theateraufführungen in der Schule, Konzerte, Sportereignisse usw.

7.
Freude an der Arbeit

Dank der Befriedigung, die wir in unserer Arbeit finden, bleiben wir gesund, zufrieden und glücklich.

Viele Leute hoffen darauf, von der Arbeit befreit zu werden, doch sowohl die Geschichte als auch die Erfahrung beweist, dass gerade aktive Menschen, die sich immerzu mit etwas beschäftigen, am glücklichsten sind. Allerdings macht es im Hinblick auf unser Wohlbefinden und unser Glück einen großen Unterschied, ob wir unsere Arbeit als Schinderei betrachten oder mit Freude ausführen. Arbeit sollte eine Stärkung und keine Mühsal sein; das Leben eine Wonne und kein Kampf.

Der verstorbene amerikanische Zeitungsverleger Charles A. Dana sprudelte förmlich über vor Freude, wenn er sich an die Arbeit machte, und war – bis zu seiner letzten Krankheit – jeden Tag im Büro. Einer seiner Mitarbeiter sagte einmal zu ihm: „Nun, Mr. Dana, ich verstehe nicht, wie Sie diese teuflische Strapaze aushalten." „Strapaze?", erwiderte Mr. Dana. „Sie haben sich noch nie so getäuscht. Ich habe stets großen Spaß." „Es verdient besondere Erwähnung", erklärte Wilhelm von Humboldt, „dass – wenn wir nicht allzu besorgt sind um Glück und Unglück, sondern uns der strengen und bedingungslosen Erfüllung unserer Pflicht widmen – das Glück sich von selbst einstellt."

„Nur diejenigen sind glücklich", sagt man mit Recht, „die sich auf ein anderes Ziel als das eigene Glück konzentrieren."

Wir sollten jeden Tag würdig angehen, der Pflicht nachkommen, den privilegierten Augenblick zu genießen, ohne daran zu denken, ob er uns glücklich machen wird oder nicht. Das ist ganz im Sinne der Aussage von George Herbert: „Das Bewusstsein, die Pflicht erfüllt zu haben, beschert uns Musik um Mitternacht."

Und in der Tat: Welche Freude macht eine vorzüglich erledigte Aufgabe, eine Arbeit, die zum krönenden Abschluss gebracht wurde und unsere uneingeschränkte Anerkennung erfährt! Dadurch haben wir mehr Achtung vor uns selbst. Und was könnte tiefere Befriedigung schenken als das Gefühl von Meisterschaft in den eigenen Unternehmungen?

„Es ist nicht die Arbeit, die Menschen umbringt", sagte Henry Ward Beecher, „sondern die Sorge. Arbeit ist gesund; man kann einer Person kaum mehr aufladen, als sie zu bewältigen vermag. Die Sorge hingegen ist der Rost auf der Klinge. Nicht die Bewegung, sondern die Reibung zerstört die Maschine."

„Das Unglück des Lebens", erklärte Dr. Thomas R. Slicer, „liegt im Ärger darüber – also nicht in der Arbeit an sich, sondern in der Sorge. Gute, energische und wohl geordnete Arbeit hat noch niemanden umgebracht; aber die Sorge darüber, die Überfrachtung einer Stunde mit der Arbeit von zwei Stunden, zu viele Verpflichtungen am Abend, die Vergnügungssucht – all das macht uns unglücklich. Freude ist keine Freude mehr, wenn sie nicht in die richtigen Bahnen gelenkt und leichten Herzens empfunden wird."

Arbeit sollte eigentlich unsere größte Wohltat sein; denn es ist ein Naturgesetz, dass alles, was nicht nutzbringend angewandt wird, sich allmählich verschlechtert, in seine Einzelteile zerfällt. Ob es sich um eine Maschine oder um das menschliche Gehirn handelt – wenn wir sie nicht benutzen, lässt ihre Leistung immer mehr nach. Der unglücklichste Mensch der Welt ist derjenige, der keine Beschäftigung hat; kein noch so stattliches Vermögen kann diese ersetzen.

„Wir müssen arbeiten. Das ist so sicher wie der tägliche Sonnenaufgang. Aber wir können widerwillig oder dankbar arbeiten. Nicht immer haben wir die Möglichkeit, unsere Arbeit frei zu wählen, doch nichtsdestotrotz können wir sie in guter Stimmung und mit frohem Herzen ausführen. Keine Arbeit ist so grob, dass wir ihr nicht eine Seele einhauchen könnten; und keine Arbeit ist so stumpfsinnig, dass wir sie nicht beleben könnten."

Egal, welcher Beschäftigung Sie nachgehen – wenn Sie Arbeitgeber sind, werden Sie feststellen, dass keine Investition sich so gut auszahlen wird wie die Bemühung, in Ihrem Betrieb Herzenswärme zu verbreiten. Tadel, Nörgelei, Kritik und Sklaventreiber-Methoden wurden schon seit jeher in zahlreichen Unternehmen erprobt und haben sich als totale Irrtümer erwiesen. Sie haben die schwungvollsten Menschen der Hoffnung beraubt, Begeisterung erstickt, Spontaneität abgetötet – und die Arbeit für jeden in der Firma zur deprimierenden Schinderei anstatt zur hellen Freude gemacht. Jener Chef, der überall Fehler findet und nie großzügig ist, der die Arbeit der Angestellten nie lobt, obwohl dies gerechtfertigt wäre, der sich sträubt, ihre Stunden aufzuhellen, schützt das Beste im Menschen weder bei sich noch bei seinen Angestellten.

Wenn Sie Arbeitgeber sind, dann gehen Sie nicht durch Ihren Betrieb, als wären Sie erfüllt von quälenden, verhängnisvollen Gedanken. Erweisen Sie sich als Herr der Lage – und nicht als deren Sklave. Erheben Sie sich über die kleinen Ärgernisse, die Frieden und Harmonie zerstören. Gelangen Sie zu der Überzeugung, dass Sie zu groß sind, um von Nebensächlichkeiten überrumpelt zu werden. Beschließen Sie, größer zu sein als Ihr Betrieb, ihn durch Ihre Charakterstärke und Ihre Fröhlichkeit zu übertreffen.

Ist es darüber hinaus nicht Ihre Pflicht, das Leben derer, die Ihren unternehmerischen Zielen dienen, so angenehm und so heiter wie möglich zu machen? Ist das nicht die beste Geschäftspolitik überhaupt, die Sie verfolgen sollten? Wir alle wissen, dass ein Pferd, das die ganze Zeit mit Peitsche, Zügel und Sporen malträtiert wird, nicht annähernd so weit reitet, ohne erschöpft zu sein, wie jenes Pferd, das man freundlich und sanft antreibt. In ihrer Empfänglichkeit für liebevolle Gesten unterscheiden sich Männer und Frauen in keiner Weise von den niederen Tieren. Als Chef können Sie nicht erwarten, dass Ihre Angestellten unter dem Joch finsterer Blicke und dem Peitschenhieb einer bösen Zunge schwungvoll, fröhlich, aufmerksam und frisch bleiben. Energie ist nur ein anderer Ausdruck für Begeisterung, und wie wollen Sie darauf hoffen, dass die für Sie tätigen Menschen energisch oder begeistert sind, wenn sie in einer düsteren und deprimierenden Atmosphäre arbeiten und mit einer Salve von Flüchen und kritischen Bemerkungen rechnen müssen, wann immer Sie an ihnen vorbeigehen?

Wenn Sie dementsprechend als Angestellter Ihre Arbeit nicht mögen, dann beklagen Sie sich bei niemandem darüber, am wenigsten bei Ihrem Chef! Füllen Sie stattdessen die Stelle mit Ihrem Geist derart aus, wie es bislang noch nie geschehen ist. Geben Sie alles von sich hinein, bis sie förmlich überquellt. Dadurch werden Sie zufriedener mit ihr sein. Zeigen Sie, dass Sie absolut etwas Besseres verdient haben. Bringen Sie sich selbst in dieser Weise so freimütig und so oft wie möglich zum Ausdruck, denn das ist die einzige Methode, die Nutzen bringt.

„Ich habe mein größtes Glück in der Arbeit gefunden", sagte der englische Staatsmann William Gladstone. „Früh gewöhnte ich mir Fleiß an, und er zahlte sich aus."

Viele von uns können kaum erkennen, wie eine eintönige und langweilige Tätigkeit, an die sie infolge dieser oder jener Notwendigkeit gekettet sind, ihnen Glück bescheren kann. Sie entdecken keinerlei Übereinstimmung zwischen einer oft als trocken oder strapaziös bezeichneten Arbeit und der Vorstellung, das Leben solle eine immerwährende Freude und Wonne sein. Sie sehen keine Wechselbeziehung zwischen unangenehmer Pflicht und wahrem Vergnügen. Im Gegensatz zu den Bienen sind sie nicht imstande, aus den bitteren Blüten des Lebens – mit denen wir alle unsere Erfahrungen haben – Nektar zu saugen. Für sie ist jede Art von Arbeit, die ihnen als Plackerei erscheint, buchstäblich ein Fluch.

Wir würden eine wichtige Lektion lernen, wenn wir die Bienen einmal näher betrachteten, die während der gesamten Zeit, da sie Honig produzieren, in jeder wilden, giftigen Blume Süßes finden – gerade dort also, wo wir nie nach etwas Gutem suchen würden.

Vergessen Sie nicht: Kein Mensch hat je die Welt so vorgefunden, wie er sie gerne hätte. Sie können sicher sein, dass Ihnen Bürden auferlegt werden, die von anderen Leuten herstammen. Aber murren Sie nicht. Wenn eine Arbeit erledigt werden muss und Sie sind dazu fähig, dann regen Sie sich nicht auf über jene Person, die sie eigentlich hätte tun sollen, aber keinen Finger rührte. Nehmen Sie die Sache selbst in Angriff. Diejenigen, die Lücken schließen, raue Stellen glätten und von anderen Leuten begonnene Aufgaben zu Ende führen, wiegen ein ganzes Heer von Nörglern auf.

Jeder Muskel und Nerv, jede Faser und Zelle in unserem Körper verlangt nach Übung, nach Tätigkeit. Augen, Ohren und alle anderen Sinnesorgane wollen Arbeit; jede geistige Fähigkeit möchte auf gesunde Weise beansprucht werden.

Das vollkommene Paradies, das die alten Theologen sich einst erträumten, wäre in Wirklichkeit eine Hölle für aktive, vernünftig denkende Menschen. Was würden wir tun an einem Ort, wo die Straßen mit Gold gepflastert, die Wände aus Kristall gemacht wären, wo ewige Ruhe herrschte? Jede Zelle in unserem Gehirn fordert Betätigung, und ein Leben, in dem der Geist völlig eingelullt würde, erschiene selbst durchschnittlichen Menschen wie eine Qual. Wir sind so beschaffen, dass wir dann das intensivste Glück erfahren, wenn wir den größten Beitrag für eine sinnvolle Arbeit leisten.

Demnach weist alles hin auf die Absicht in der Natur der Dinge, dass wir unser höchstes Glück, unsere tiefste Befriedigung und Freude – ja unsere Seele – in der täglichen Arbeit finden sollen. Diese müsste der bewusste Ausdruck unserer selbst sein. Dann würde der Einsatz der eigenen Fähigkeiten und Kräfte uns stets zufrieden stellen.

Wir sollten morgens zur Arbeit gehen mit jener glühenden Begeisterung und hellen Vorfreude, die Braut und Bräutigam in Erwartung ihres Hochzeitstages empfinden.

Welch verheißungsvolle Vorahnung ehrgeizige Künstler fühlen! Sie können es kaum abwarten, morgens zu dem halb fertigen Gemälde zurückzukehren, das ihnen seit dem Vorabend keine Ruhe ließ. Wie wäre es also, wenn wir uns jeden Tag mit solch unbändigem Elan der eigenen Arbeit näherten, mit jener herrlichen Erwartung eines Michelangelo oder eines Millet!

Und mit was für einer Begeisterung gehen Romanautoren in der Früh an ihr halb fertiges Manuskript, um die Figuren und Handlungsstränge wieder aufzunehmen, die ihnen den Schlaf raubten und in den Wachstunden ihre Vorstellung ausfüllten!

Jeder Mensch sollte mit ähnlichem Schwung zur Arbeit gehen, voll freudiger Ungeduld, mit der er die Öffnung des Geschäfts, des Betriebs, des Studios herbeisehnt.

Doch die meisten von uns existieren kaum. Wir leben nicht wirklich, weil uns der Beruf keine wahre Freude macht. Er sollte eigentlich eine Wonne für uns sein. Das ist der springende Punkt. Aber die Arbeit kann uns nur in dem Maße beglücken, wie sie unsere Fähigkeiten und Begabungen weckt und hervortreten lässt. Wenn unsere wohlwollenden und uneigennützigen Fähigkeiten abgerufen werden, empfinden wir eine viel tiefere Freude, als wenn lediglich die habgierigen, selbstbezogenen oder auf den Lebensunterhalt gerichteten Fähigkeiten zum Zug kommen.

Wir sollten unser Inneres in jene Tätigkeit einfließen lassen, die uns nicht nur erlaubt, unser Bestes zu geben, sondern auch, der bestmögliche Mensch zu sein. Eine Tagesarbeit nur deshalb unter großer Mühe und starkem Druck zu erledigen, weil sie eben erledigt werden muss, hat nichts zu tun mit dem Leben an sich.

Die niederländisch-englische Denkerin Alma-Tadema sagte in ihrem Vortrag mit dem Titel „Was ist Glück?", dass sie fünf Monate brauchte, um die Definition des Glücks niederzuschreiben. Ihr zufolge ist Glück das Resultat harter Arbeit, bei der man seine Kräfte bis zum Äußersten entwickelt und ausschöpft. Sie glaubt nicht, dass wir glücklich sein können im Bewusstsein, nur einen kleinen Teil unserer Fähigkeiten zur Entfaltung zu bringen. Wenn die eigene Tätigkeit uns nicht gestattet, unser Bestes zu geben, werden wir ständig die Rüge unserer inneren Stimme zu hören bekommen, wodurch unser Glück vermindert oder gar zunichte gemacht wird.

Anstatt uns einzutrichtern, dass das Verdienen des Lebensunterhalts nun einmal eine lästige Pflicht ist, sollte man uns lieber beibringen, dass dieser materielle Aspekt unserer Beschäftigung lediglich eine Nebensache darstellt. Der hauptsächliche Grund für eine bestimmte Tätigkeit sollte darin liegen, dass wir einem inneren Ruf folgen und hierbei nicht nur den finanziellen Erfordernissen gerecht werden, sondern vor allem Freude empfinden. Wir sollten lernen, dass wir im Beruf nach unserer paradiesischen

Befriedigung suchen müssen und sie dort dann auch finden werden. Wir sollten mit dem Gedanken vertraut gemacht werden, dass dieser Beruf gerade im Hinblick auf den für uns bestimmten Platz im Leben ein großes Privileg bedeutet, das uns höchstes Glück schenken wird. Wir sollten erklärt bekommen, dass es bei einer geliebten Arbeit so etwas wie Schinderei nicht gibt. Dann würden wir uns jeden Morgen unseren beruflichen Tätigkeiten mit der gleichen Vorfreude widmen wie unseren bevorzugten Freizeitvergnügen.

Ein Leben ohne Ziel und Zweck macht kaum Sinn. Wenn wir dieses Ziel aus den Augen verlieren, existieren wir nur.

Um im Beruf und also im Leben Glück zu finden, müssen wir schon zu einem frühen Zeitpunkt zu der Auffassung gelangen, dass es bei der Arbeit nicht allein darum geht, uns zu beschäftigen oder Geld zu verdienen, sondern um unsere wahre Berufung – denn es gibt immer noch Menschen, die deprimiert sind, obwohl sie sich ebenso ehrlich wie eifrig bemühen, ihr Talent zur Geltung zu bringen.

* * *

Heute werde ich ...

> ... mehrere Gründe finden, mich für meine Arbeit dankbar zu erweisen, anstatt mich zu beklagen. – Ganz gleich, worin Ihre Tätigkeit und deren Anforderungen bestehen, egal, was Sie wegen Ihrer Kollegen oder der Menschen, mit denen Sie beruflich zu tun haben, erleiden müssen – Sie können eine

dankbare Einstellung an den Tag legen und sich daran erinnern, dass es Ihnen ursprünglich ja um die Stelle ging (sowie um den damit verbundenen, sehnlichst erhofften Ausdruck Ihrer Persönlichkeit), nicht aber um die Begleitumstände. Darüber hinaus werden Sie gerade durch diese Dankbarkeit ein Gefühl von Würde bewahren und Ihre Gesundheit fördern; auch noch so zahlreiche Ärgernisse am Arbeitsplatz sind es nicht wert, ihretwegen sein Leben zu verkürzen oder weniger Selbstachtung zu haben.

... mich in der Arbeit nicht derart antreiben, dass ich keine Befriedigung mehr empfinden kann. – Das Problem ist, dass viele von uns dazu neigen, sich völlig zu überarbeiten. Wir spannen all unsere Kräfte an, um mehr zu leisten, als es uns möglich ist. Wir verausgaben uns, wo wir doch viel eher empfangen sollten zugunsten innerer Zufriedenheit und Erfüllung.

... mir vergegenwärtigen, dass wahre Freude in der Arbeit nicht aus dem verdienten Geld resultiert, sondern aus der Befriedigung, die sie mir gewährt. – Genießen Sie heute Ihre Leistungen. Ungeachtet dessen, welche weiteren Aufgaben Sie morgen bewältigen müssen – heute haben Sie genug getan und Ihr Bestes gegeben. Rechnen Sie sich das als Verdienst an.

... mir bewusst machen, dass ich, wenn ich beruflich direkt mit Menschen zu tun habe, ihnen nicht nur diene, sondern auch helfe, was niemand besser kann als ich. – Selbst wenn Sie nicht auf jede Frage, die Ihnen in Ihrer Funktion gestellt wird, eine Antwort wissen, können Sie den Kunden, Antragstellern usw. doch sagen, dass Sie sich um die Sache kümmern werden. Um sowohl hilfsbereit als auch glücklich zu sein, muss man nicht alles wissen, sondern die Bereitschaft haben, sein Möglichstes zu tun und herauszufinden, was für einen selbst und die Kunden notwendig ist.

... in der Arbeit meine Freude bekunden, und sei es nur deshalb, weil ich Arbeit habe, einen Ort, an dem ich sein kann, und ein Einkommen, das mir erlaubt, viele meiner Wünsche in Erfüllung gehen zu lassen.

8.
Der Sinn für das Schöne

In allen Dingen habe ich das Wesen
der Schönheit geliebt.
John Keats

Meiner Meinung nach würde allein schon ein stärker entwickelter Sinn für das Schöne das menschliche Glück um tausend Prozent erhöhen. Wer kann ermessen, was es für einen Menschen, der das Schöne liebt, bedeutet, seine ästhetischen Bedürfnisse, Neigungen, Interessen voll und ganz auszuleben? Wie doch die Liebe für das Schöne, wenn sie nur früh genug kultiviert wird, all das Schöne in der Welt vergrößert und vermehrt!

Doch wir können nur genießen, was wir zu schätzen wissen, und das wiederum hängt ab von unserer Veranlagung, Erziehung und Erfahrung. Infolgedessen gehen leider viele von uns durchs Leben, ohne das Schöne wahrzunehmen, eben weil ihnen nie die Augen dafür geöffnet wurden. Ihr Geist blieb ungeschult. In ihrem Innern gibt es jedoch zahllose verschlossene Türen, die, wenn sie durch Erziehung, Übung und Kultur geöffnet würden, jene Menschen auf wunderbare Weise bereicherten und ihnen unsagbares Glück schenkten.

Welche Schätze der Freude – die alle Freuden durch materielle Dinge unendlich übertreffen – ans Licht kommen, sobald die Tür der ästhetischen Wertschätzung geöffnet wird! Jeder Aspekt des Lebens ist mit einer besonderen Bedeutung aufgeladen, aber er teilt sein Geheimnis nur der Seele mit, die darauf reagiert und sich zu dem jeweiligen Gegenstand hingezogen fühlt. Wie vieles ringsum ist bereit, die Sprache der Schönheit zu sprechen gegenüber denen, die geistig dafür empfänglich sind und den verborgenen göttlichen Sinn zu deuten vermögen! Dann haben wir – ungeachtet dessen, wie armselig unsere Verhältnisse sein mögen, egal, welche Missgeschicke und quälenden Übel uns widerfahren – stets die Möglichkeit, uns darüber zu erheben und in einen Himmel reiner, ekstatischer Freude aufzusteigen.

Selbst die vergitterte Zelle kann einem Geist die Freude des Glücks und der Schönheit nicht nehmen, wie jene berühmten Verse des englischen Dichters Richard Lovelace zeigen, die er im Gefängnis seiner geliebten Althea widmete:

Mauern machen kein Verlies
Und Eisenstäbe keinen Käfig;
Geistesmenschen, rein und ruhig,
Sehn dort der Klause Paradies.
Frei in meiner Liebe, reich
Bin ich in meinem Seelenleben –
Engel nur, durch Äther schwebend,
Genießen Freiheit, meiner gleich.

Benjamin West sagte, durch den Kuss der Mutter, die auf diese Weise ihre Wertschätzung für eine seiner kleinen Zeichnungen ausdrückte, sei er zum Maler geworden. Dieser Kuss habe ihm eine neue Welt eröffnet – die Welt des Schönen.

Viele angehende Künstler wurden durch die Betrachtung eines Meisterwerkes, das ihr ästhetisches Empfinden gleichsam entflammte und diese Flamme später nie erlöschen ließ, in höchstem Maße inspiriert. („Auch ich bin ein Maler“, rief Correggio, als er Raffaels Gemälde der Heiligen Cäcilia sah.) Die Kunst ist zweifellos einer der reinsten und höchsten Bestandteile des menschlichen Glücks. „Sie schult den Geist durch das Auge und das Auge durch den Geist. Wie die Sonne die Farbenpracht der Blumen hervorhebt, hebt die Kunst die Farbenpracht des Lebens hervor.“

Die genaue Betrachtung einer Blume, eines Sonnenuntergangs, einer Landschaft entzündete jene innere Flamme, die bei dem englischen Kunsthistoriker und Sozialphilosophen John Ruskin den Sinn für das Schöne weckte und wachhielt und ihm so eine neue geistige Welt erschloss, dank deren er nicht nur sein eigenes Leben in Freude verwandelte, sondern auch zahlreichen anderen Menschen den Weg zum Glück ebnete. Wenn man in einer menschlichen Seele dieses ästhetische Empfinden nur einmal anregt, kann keine irdische oder himmlische Macht es je wieder abstumpfen noch die Möglichkeiten beschränken, die in dessen Entdeckung liegen.

Die Schönheit ist eine verfeinernde, erhebende, rettende Kraft. Die ausgeprägte Liebe zum Schönen ist ein Zeichen dafür, dass der Mensch auf die höheren Ebenen des Lebens gelangt ist, wo er zumindest einen flüchtigen Eindruck von seinem Gott gewonnen hat.

Unsere Seele ist weder dazu bestimmt, in Gefangenschaft zu leben, noch dazu, durch unglückliche Umstände niedergedrückt zu werden. Die geistigen Kräfte und jene, die Schönheit erzeugen, wurden uns auch als Mittel gegeben, den beengenden und quälenden Verhältnissen zu entfliehen. Kein Misserfolg, kein durch Feuer oder Wasser hervorgerufenes Unglück kann irgendjemanden daran hindern, in das Paradies der Harmonie und der Schönheit aufzusteigen, wo unsere Seelen sich ergötzen an der von ihnen selbst erschaffenen Welt – ausgestattet und verziert durch die schöpferische Einbildungskraft.

Was wir vom Leben sublimieren können, hängt einfach davon ab, wie wir unseren Geist schulen und unsere Denkgewohnheiten formen. Es geht schlicht um das Vermögen, Schönheit, Anmut und Freude aus jener Umgebung zu gewinnen, die man für alltäglich, trocken, dürftig oder gar abstoßend hält. Wie Martin Luther sagte, mag das Paradies überall zu finden sein. Warum auch nicht? Es gibt keinen Winkel in der Welt, den der erhabene Schöpfer nicht mit Schönheiten geschmückt hätte, die jeden von Menschen ersonnenen Schmuck bei weitem übertreffen. In einsamen, unzugänglichen Gegenden, in die kaum jemand den Fuß gesetzt hat, gibt es Schönheiten, entstanden aus pflanzlichen Formen, kristallinen Strukturen in Felsen, wilden Tieren, Vögeln und Landschaften, die noch fast kein menschliches Auge erblickt hat – und die beweisen, dass jener große Schöpfer die „allumfassende unsterbliche Schönheit“ bedingungslos liebt. Wie schade, dass nicht jedes Kind lernt, „Gottes schöne Handschrift“ in allem und überall zu lesen!

„Mehr Diener warten auf den Menschen, / Als er zur Kenntnis nehmen kann“, schrieb der englische metaphysische Dichter und anglikanische Priester George Herbert.

Wenn Sie meinen, das Leben biete Ihnen nur sehr wenig, haben Sie noch nicht die geheimnisvolle Lektion gelernt, ihm Freude, Schönheit, Anmut und Wahrheit zu entlocken. Die Seele, die Schönheit liebt, kann sich überall daran weiden. Es gibt keine Ecke, keinen Winkel in der Welt, wo sie nicht vorhanden wäre. William Wordsworth schrieb:

„Ich wanderte allein wie eine Wolke,
Die über Täler schwebte, Hügel,
Als ich auf einmal ein Gedränge sah,
Ein Meer von goldenen Narzissen."

Welch glänzende Gelegenheiten sich ringsum auftun, unsere freien Stunden in ästhetische Genüsse zu verwandeln, die inneres Wachstum, Stärke, Fortschritt, Aufstieg und geistigen Reichtum verheißen, die kein Zufall uns nehmen, kein Unglück zunichte machen kann!

Noch über der ärmlichsten Gegend scheinen nachts Mond und Sterne, gibt es das Lachen eines Kindes, die Schönheit in den Augen eines anderen Menschen. Und wie oft sehen wir nicht gar unter widrigsten Umständen die Pracht einer einzigen Blume oder eines farbenfrohen Unkrauts, die sich aus einem Riss im Bürgersteig hervorkämpfen.

Wohin wir auch schauen, können wir herrliche Muster und Formen erkennen, die uns möglicherweise von Nutzen sind und selbst nach einem lebenslangen Studium niemals an Anziehungskraft verlieren.

„Das Korn wachsen, die Blüten reifen zu sehen; tief Atem zu holen über Pflugschar oder Spaten; zu lesen, nachzudenken, zu lieben, zu beten", sagte John Ruskin, „das sind die Dinge, die Männer und Frauen glücklich machen."

Nehmen wir einmal an, der größte Mensch aller Zeiten verfügte über Allmacht und Allwissenheit, über die magische Kraft und die Weisheit, eine Welt zu erschaffen, die in jedem Detail paradiesisch und in jeder Hinsicht vollkommen wäre; eine Vegetation hervorzubringen, die den Menschen größtmögliche Freude und Befriedigung schenkte; Früchte und Gemüse und alle übrigen Nahrungsmittel zu erzeugen, die dem menschlichen Gaumen höchsten Genuss bereiteten. Nehmen wir also an, dieser Mensch wäre mit göttlichen Eigenschaften ausgestattet, um eine Welt zu schöpfen, die jede Sehnsucht, jedes Verlangen der Seele stillen könnte. Existiert dieser Mensch nicht bereits hier und heute in jedem von uns – nämlich in unserem Vorstellungsvermögen? Können Sie jetzt nicht einfach die Augen schließen, um all Ihre Sorgen zu vergessen, und sich eine erhabene Welt ausmalen?

Ein großer Bewunderer des schweizerisch-amerikanischen Zoologen und Geologen Louis Agassiz schickte ihm einmal einen Scheck über tausend Dollar, damit er ins Ausland reisen, Untersuchungen durchführen, wertvolle Proben sammeln und kostbare Wahrheiten für seine wunderbare Wissenschaft mit nach Hause bringen könne. Doch Agassiz schrieb ihm zurück, er wolle seine freie Zeit lieber im Garten hinter seinem Haus verbringen; selbst dort stieß dieser große Forscher nicht nur auf Überreste von Fossilien, sondern machte noch weitere Entdeckungen, die der Wissenschaft zugute kamen. Wer voller Leidenschaft und Interesse mehrere Tage über der Schuppe eines Fischs verbringt, stundenlang ein Sandkorn oder einen Kieselstein vom Meeresstrand untersucht, um dessen Geschichte zu begreifen, findet auch in der schlichtesten Umgebung genügend Material für ein gewinnbringendes, lebenslanges Studium.

Es gibt keinen menschlichen Wunsch, der in dieser phantastischen Schöpfung nicht erfüllt, keine Sehnsucht, die nicht gestillt werden könnte. Warum aber ist unser Leben oft so dürftig, ärmlich, beengt und düster, wenn es eigentlich so groß, wunderbar und erhaben sein könnte?

Die Liebe zum Schönen ist eine wesentliche Eigenschaft des menschlichen Denkens und Fühlens. Sie zeigt sich zunächst im reichhaltigen Schmuck der Stammesgemeinschaften und wird dann im Laufe des zivilisatorischen Fortschritts zu einer immer ausgeprägteren Leidenschaft. Das Ziel der Schöpfung bestand nicht darin, dass wir einfach nur existieren, sondern darin, dass wir auf verfeinerte, herrliche Weise leben, einem König gleich – und nicht wie das klägliche, verkümmerte, geradezu burleske Abziehbild unserer selbst.

Es gibt zwei Arten von Menschen; die einen, deren Seele beim Anblick jeder betörenden Szenerie vor Freude strahlt und mit dem Licht der untergehenden Sonne verschmilzt, sehen in jedem Blatt ein Wunder, in jeder Blume eine göttliche Botschaft; die anderen dagegen erkennen nichts als ein Blatt, eine Blume, einen Sonnenuntergang. Die Letzteren werden nie Glück finden, wenn ihr materieller Besitz schwindet, weil sie ihre Fähigkeit, sich gerade auch in schwierigen Zeiten dem ästhetischen Genuss hinzugeben, immer wieder ignoriert haben.

Obwohl wir von kostenlosen und unerschöpflichen Quellen wahren Glücks umgeben sind, lassen doch viele von uns ihre feineren Sinne verkümmern, und wenden sich dem Geld und den damit käuflichen materiellen

Dingen als der wichtigsten Quelle des Glücks zu. Aber Geld ins Portemonnaie zu stecken ist ein ziemlich armseliges Unternehmen, verglichen damit, Schönheit ins Leben einzubringen, das Edle und Wunderbare in unserem Wesen stärker herauszubilden.

Die Lebensfreude ist nicht mit uns, sondern in uns. Sie besteht in dem Vermögen, aufgeschlossen zu sein und uns jene ästhetischen Genüsse zu verschaffen, die jedem Menschen überall frei zu Gebote stehen. Wir bestimmen über unser Glück wie über unser Unglück.

Allzu oft verwechseln wir jedoch Glück mit Vergnügen. Dieses ist eine eher flüchtige Freude, im Gegensatz zu der lang anhaltenden Genugtuung, die zum Beispiel aus der Wertschätzung eines guten Buches resultiert. Die Vergnügen, die mit der Befriedigung von Gelüsten und Leidenschaften einhergehen, sind eitel und nichtig im Vergleich zu den Glücksgefühlen, die sich im Reich des Ästhetischen offenbaren. Die geistigen Freuden sind die höchsten überhaupt.

Für jenen Menschen, der dazu erzogen wurde, Nektar aus den unterschiedlichsten Blüten zu saugen, seine Sinne zu benutzen und all das ringsum wahrzunehmen, was seit jeher die tiefe Quelle der Schönheit und der Kunst darstellt, ist es nur ein geringer Verlust, wenn große Geldsummen ausbleiben. Umstände können ihm kaum etwas anhaben oder wegnehmen; denn er ist imstande, Milliardär zu werden im Hinblick auf seine heitere Gemütsstimmung, seinen vornehmen Charakter, seine Wirksamkeit im Leben, und ermangelt nie des Glücks.

Dieser selige Zustand erinnert an die Verse von John Keats:

Ein schönes Ding ist eine Freude, immer:
Sein Liebreiz wächst, wird stetig stärker; nimmer
Schwindet es ins Nichts – und bleibt ein stummer
Ort, wo wir geborgen, schenkt uns Schlummer
Voll süßer Träume, Wohl und ruhigem Atem.

* * *

Heute werde ich ...

... auf Türen achten, die sich für mich auftun und den Blick auf ringsum verborgene Schönheiten freigeben. – Während unseres ganzen Lebens öffnen sich immer wieder – oft zufällig – neue Türen zu neuen Freuden.

... ich, falls ich noch keinen Ausweis für die Bibliothek oder öffentliche Bücherei habe, mir einen solchen besorgen und von nun an diese Archive des Wissens, wo fast alle großen Werke der Literatur, der bildenden Kunst und der Musik zur freien Verfügung stehen, regelmäßig aufsuchen. – Es gibt keine Stelle auf Erden, die so bedrückend oder so dürftig wäre, dass man dort nicht in großen Werken lesen und die eindrucksvollsten Persönlichkeiten der Geschichte herbeirufen könnte, die sich uns von ihrer besten Seite zeigen – stets bereit, ihre genialen Ideen, tiefgründigen Weltanschauungen, heiteren Gemütsverfassungen zum Ausdruck zu bringen, dadurch unseren Sinn für das Schöne zu verfeinern und unser Leben zu bereichern. In dieser Zeit, da es unzählige Bibliotheken und Büchereien sowie preisgünstige Kurse an Abend- und Volkshochschulen gibt, haben wir alle, ob arm oder reich, die Möglichkeit, uns die großen Lyriker zu vergegenwärtigen, die uns ihre erlesensten Gedichte und Lieder vortragen; die bedeutenden Biographen mit ihren Aufzeichnungen zu jenen Menschen, die schwierige Probleme meisterten, über Mangel und Leid triumphierten und unsterblichen Ruhm errangen; und die Maler und Bildhauer, die durch ihre Arbeiten die Welt verschönerten.

... mir einen Fotoapparat zulegen und ihn immer griffbereit haben, um Aufnahmen von Sonnenuntergängen, blühenden Blumen, Herbstfarben, Wolken, glitzerndem Schnee auf Bäumen, dem Lachen meines oder des Nachbars Kind zu machen. Fotografien halten Eindrücke fest und bewahren Erinnerungen; diese sind ästhetische Erfahrungen, welche die Vorstellungen von Schönheit in meinem Innern berühren.

... meinen Namen auf die Adressenliste des örtlichen Museums, Orchesters, Tanzvereins usw. setzen, um Mitteilungen über die nächsten Ausstellungen, Konzerte und Sonderveranstaltungen zu erhalten. Vielleicht kann ich nicht immer hingehen, aber die Ankündigungen erinnern mich daran, was mir im künstlerischen Bereich jederzeit zugänglich ist, was ich aber in meiner Welt der Aufgaben und Pflichten so leicht vergesse.

... eine Pflanze in mein Büro, Blumen in mein Küchenfenster stellen, auf dem Esstisch Kerzen und in meinen Wohnräumen Räucherstäbchen entzünden, um in Kontakt zu bleiben mit den wohltuenden Düften und den anmutigen natürlichen Schönheiten des Lebens.

9.
Die Freuden der Einbildungskraft

Ohne Einbildungskraft wäre die Seele
wie ein Observatorium ohne Fernrohr.
Henry Ward Beecher

Ich kenne eine ältere italienische Dame, die seit vielen Jahren gebrechlich ist und nur selten aus dem Haus geht, die jedoch ungeachtet dessen erklärt, sie verbringe die herrlichsten Augenblicke auf ihren geistigen Reisen. Jeden Tag schweift sie in die Ferne, besucht wieder die vertrauten Orte ihrer Kindheit, klettert auf Berge in den Alpen und spaziert durch die Straßen jener italienischen Städte, die ihr einmal lieb und teuer waren. Während sie stundenlang auf der Veranda ihres alten Hauses in Sorrento sitzt, ist sie selig in die Betrachtung der Segelschiffe versunken, die durch den Golf von Neapel gleiten. Sie betrachtet die Orangen und Zitronen, die an den Bäumen reifen. In ihrer Vorstellung sucht sie die führenden Theater und Opernhäuser auf und verfolgt abermals die Aufführungen, denen sie in früheren Tagen beiwohnte. Sie liest Shakespeare und sieht vor ihrem inneren Auge all die großen Shakespeare-Darsteller und -Darstellerinnen, die nie müde werden, ihre Rollen für sie zu wiederholen. Im Schmerz überlässt sie sich oft ihren Tagträumen, und wenn sie dann in die Wirklichkeit zurückkehrt, ist sie erfrischt und erfüllt von neuer Hoffnung und neuem Mut, um ihre körperlichen Kämpfe zu bestehen. Eine Zeit lang vergisst diese reizende Dame nicht nur die Schmerzen und Leiden, die sie hinfällig machen, sondern auch die Fesseln, die sie ans Haus binden, und wandelt nach Belieben über die Erde. Die geistigen Reisen, sagt sie, seien meistens erfreulicher als die konkreten Reisen, weil jene weder Unannehmlichkeiten noch Unkosten verursachten. Wenn nur allgemein bekannt wäre, welche Freuden die Einbildungskraft bescheren kann, würde das gesamte Menschengeschlecht sich glücklich schätzen.

Leider werden wir durch Erziehung und Ausbildung nicht einmal auf die Hälfte der Möglichkeiten hingewiesen, mittels unserer ständig verfügbaren Einbildungskraft beglückende Erfahrungen zu sammeln und uns blitzschnell in jeden Zustand zu versetzen, den wir erträumen.

Eines der großen Geheimnisse der Menschen, die durch ihre enorme Arbeitsleistung ebenso allgemeines Erstaunen hervorrufen wie durch die Freude, die sie gerade dann empfinden, wenn andere sich völlig überlastet fühlen, besteht in ihrer Fähigkeit, den Geist regelmäßig zu entspannen und innerlich kurz „Ferien zu machen". Obwohl sie Bedingungen ausgesetzt sind, welche die anderen vor lauter Sorge früh ins Grab bringen würden, scheinen sie immer gelassen, frisch und heiter, eben weil sie die große Kunst erlernt haben, „die Seele baumeln zu lassen". Ich kenne aber auch eine Reihe von Personen, die infolge ihrer dauernden harten Arbeit dermaßen eingeengt und bedrückt sind, dass sie sich fast nie für längere Zeit davon freimachen können. Deshalb habe ich einige der Ersteren befragt, auf welche Weise sie ihr inneres Gleichgewicht bewahren, und folgende Antwort erhalten: Egal, wie anstrengend ihre beruflichen Aufgaben oder wie ärgerlich die Begleitumstände seien, suchten sie nach Möglichkeiten, sich von ihren Problem zu lösen und in eine harmonische, ja glückselige Gemütsverfassung zu gelangen, die durch nichts beeinträchtigt oder gar zerstört werden könne. Sie haben ihre Einbildungskraft so gut geschult, dass sie dank ihrer imstande sind, neue Welten zu erschaffen und darin zu leben. Sie kehren innerlich zurück in das Haus oder den Bauernhof ihrer Kindheit und erfahren erneut glückliche Augenblicke, die zum Beispiel auch mit den damaligen Freundschaften verbunden sind. Sie waten und fischen in Bächen, klettern auf Berge, stapfen durch Wälder und wandern ziellos über Wiesen.

Es braucht nicht viel, einen matten Geist zu erfrischen, wenn man in jene geheimnisvolle Kunst – die Kunst der Einbildungskraft – eingeweiht ist. Die imaginativen Fähigkeiten sind gleichsam Flügel, die uns ermöglichen, zu unsagbaren Freuden aufzusteigen und nach Lust und Laune unserer lästigen, unerwünschten, zermürbenden Umgebung zu entfliehen; all dem, was uns entmutigt, empört und verärgert auszuweichen; die Abgabetermine, den Druck und die Mühsal spielend zu bewältigen und die berühmt-berüchtigte „Depression" zu vermeiden.

Die Einbildungskraft hilft dem Häftling, seine Zelle in Gedanken zu verlassen. Der englische Schriftsteller John Bunyan saß im Gefängnis, als er ab 1678 sein Meisterwerk *The Pilgrim's Progress* („Die Pilgerreise aus dieser Welt in die zukünftige") schrieb. Er benutzte sein Vorstellungsvermögen, um solche Figuren wie den Christenmenschen, den Erweckungsprediger, den Gläubigen, den Hoffnungsvollen und die Große Verzweiflung zu schaffen – erfundene Charaktere, die Stimmungen, Gefühle, Überzeugungen, Einstellungen und Fähigkeiten des Menschen darstellen und für immer in unseren Herzen fortleben.

Ungeachtet dessen, wie schlimm unsere persönlichen Verhältnisse sind, welche Fehler oder Irrtümer uns peinigen, welche Missgeschicke uns widerfahren – die Einbildungskraft bietet uns die Gelegenheit zum Glück in Zeiten des Zwangs. Uns ergeht es dann ähnlich wie dem eingesperrten Vogel, den einige Jungen hänselten und quälten, der sich ihnen aber entwand, pfeilschnell in die Lüfte empor stieg und seine Freiheit wiedererlangte.

Wer über eine gut entwickelte Einbildungskraft verfügt, sollte keinen Moment der Ausweglosigkeit oder der Langeweile erleben, denn er ist weitgehend unabhängig von seiner Umgebung. Wenn ihm etwas Unerfreuliches passiert, wenn die Leute oder die Umstände ihn anöden, kann er sich darüber hinwegsetzen, Zuflucht nehmen in seiner Vorstellung und an deren Bildern höchstes Gefallen finden. Er besitzt die Fähigkeit, von einer Sekunde auf die andere in einer idealen Welt zu leben, wo die Quellen des Glücks unerschöpflich sind.

Die tiefe Wahrheit des Glücks lautet folgendermaßen: Die heiligen Sehnsüchte der Phantasie erinnern uns beständig daran, dass wir unser Leben verfeinern und ungeachtet einer rauen, enervierenden Wirklichkeit uns aufschwingen können zu jenen vollkommenen Bedingungen, die wir in unserer Vorstellung sehen.

* * *

Heute werde ich ...

... Freude daran haben, meine Vorstellungswelt zu erkunden. – Die Einbildungskraft ist eine unerhörte Quelle der Ablenkung und der Kreativität, der Problemlösungen und der Zielsetzungen usw. Verbringen Sie heute einige Zeit damit, Szenarien für den Weltfrieden oder für interplanetare Reisen zu entwerfen – und ausgefallene Lösungen oder Alternativen für Ihre momentanen Probleme und Umstände zu ersinnen. Wenn Sie Ihre inneren Bilder lebendig gestalten, werden Sie aus dieser Atempause gestärkt und begeistert hervorgehen, eher imstande sein, sich mit den Gegebenheiten auseinander zu setzen, und vielleicht sogar tiefere Einblicke in Ihre Bemühungen und Verhältnisse gewonnen haben.

... mir folgenden Spruch durch den Kopf gehen lassen: Was man sich ausdenkt, kann man auch verwirklichen. – Sich den eigenen Vorstellungen zu überlassen, ist keineswegs ein müßiger Zeitvertreib. Ihre Einbildungskraft kann die Quelle ihres morgigen Lebens sein. Malen Sie sich jene Umstände aus, die Sie ersehnen (nicht unbedingt für den morgigen Tag, aber für die absehbare Zukunft). Wenn Sie sich diese Vision täglich vergegenwärtigen, werden Sie feststellen, dass Ihre Gedanken und Handlungen immer mehr in deren Richtung gehen.

... die jeweilige Situation nicht nur mit dem Verstand zu bewältigen suchen, sondern auch mit dem

Vorstellungsvermögen. – Dieses erlaubt Ihnen, abseits der „eingefahrenen Gleise" Gedankenexperimente durchzuführen und neue Möglichkeiten zu entdecken. Einstein sagte: „Die Vorstellung ist größer als das Wissen." Tun Sie nicht einfach das, was Sie vorher schon getan haben, was Ihnen hinlänglich bekannt ist, sondern öffnen Sie Ihre Vorstellungswelt und achten Sie darauf, wohin Sie dann geführt werden. Ein simples Beispiel: Statt heute nur Ihr Bett zu machen, verrücken Sie die Möbel in Ihrem Schlafzimmer oder in einem anderen Zimmer. Oder stellen Sie die Möbel in Ihrem Büro um. Indem Sie in der gewohnten Umgebung neue Varianten erfinden und ausprobieren, erziehen Sie Ihre Einbildungskraft, auch in ungewohnten Situationen schöpferische Lösungen zu entwickeln.

10.
Loslassen

Weit besser ist's, mein Körper leidet Schmach denn meine Seele.
Roswitha von Gandersheim

Klammern Sie sich nicht an Dinge, die Sie behindern, die Sie unglücklich machen. Vergessen Sie Ihre Sorgen, Ihre Ängste; hören Sie auf sich zu ärgern, vor Wut zu schäumen, zu zanken; üben Sie keine Kritik mehr; lassen Sie los – Ihr unruhiges, äußerst strapaziöses Leben; die Selbstsucht; all das, was überflüssig, sinnlos, töricht ist; die Heuchelei, die Arglist, die Unaufrichtigkeit; die Anstrengung, den Schein zu wahren, die Oberflächlichkeit; das Laster, das lähmt, das falsche Denken, das verdirbt ... Dann werden Sie überrascht feststellen, dass Sie wesentlich unbeschwerter, freier und glaubwürdiger sind, um am allgemeinen Wettbewerb teilzunehmen, dass Sie Ihre Ziele viel klarer ins Auge fassen.

Wenn Sie eine unheilvolle Erfahrung gemacht haben, so schenken Sie ihr keine Beachtung mehr. Wenn Ihnen in einer Rede, einem Lied, einem Aufsatz, einem Buch ein Irrtum unterlaufen ist; wenn Sie in eine peinliche Situation gebracht wurden; wenn Sie infolge eines falschen Tritts gestürzt sind und sich dabei verletzt haben; wenn man Sie einer Missetat bezichtigte und damit verleumdete, so grübeln Sie nicht länger darüber nach. In solchen Erinnerungen ist kein versöhnender Zug, und so werden Ihnen deren böse Geister zahlreiche glückliche Stunden rauben. Da herrschen nur Ödnis und Leere. Verbannen Sie sie. Löschen Sie sie für immer aus Ihrem Geist. Wenn Sie indiskret oder unbesonnen waren; wenn über Sie schlecht geredet wurde; wenn Ihr Ruf Schaden nahm, so dass Sie befürchten, ihn niemals wiederherstellen zu können, dann schleppen Sie diese schrecklichen Schatten, diese klappernden Skelette nicht mehr mit sich herum. Tilgen Sie sie von der Tafel des Gedächtnisses. Überantworten Sie sie dem Vergessen. Beginnen Sie mit einer sauberen Tafel und verwenden Sie Ihre ganze Kraft darauf, sie in Zukunft rein zu halten.

Beschließen Sie, bei allem, was Sie tun beziehungsweise unterlassen, nicht von den Schatten der Vergangenheit verfolgt zu werden, nicht weiter an ihnen festzuhalten. Diese müssen verschwinden und dem Sonnenschein Platz machen. Gelangen Sie zu der Überzeugung, dass Missklänge Ihnen fremd sind, dass keiner davon etwas in Ihrem Innern zu suchen hat. Egal, wie beängstigend oder hartnäckig sie erscheinen mögen – bringen Sie sie zum Verstummen. Ignorieren Sie sie. Schluss damit! Gestatten Sie den kleinen Feinden – Furcht, Sorge, Reue – nicht, Ihre Kraft aufzuzehren, denn diese ist Ihr Kapital für künftige Leistungen.

Eine düstere Miene, ein verdrießlicher Ausdruck, ein sorgenvoller Geist, eine starke Reizbarkeit – all das sind Zeichen Ihrer mangelnden Selbstbeherrschung, Ihrer Schwäche, Ihrer Unfähigkeit, mit der Umgebung fertig zu werden. Entledigen Sie sich ihrer. Zerstreuen Sie sie gleichsam in alle Winde. Zügeln Sie sich. Lassen Sie nicht Ihre

Feinde auf dem Thron sitzen. Nehmen Sie ihn in Besitz. Verbannen Sie aus Ihrem Denken jede Vorstellung von Krankheit. Wenn Sie sich einer Operation unterziehen mussten, dann gehört diese nun endgültig der Vergangenheit an; lassen Sie sie in die Schatten, in den Hintergrund des Gedächtnisses gleiten. Beschäftigen Sie sich nicht damit, verlieren Sie kein Wort darüber.

Was immer unangenehm ist, was immer Ihre ausgeglichene Gemütsverfassung angreift, beeinträchtigt, zerstört – vergessen Sie's, werfen Sie diesen Ballast ab!

Er hat jetzt nichts mehr mit Ihnen zu tun. Sie können Ihre Zeit wirklich besser nutzen, als sie mit Gewissensbissen, Sorgen oder Lappalien zu vergeuden. Trennen Sie sich von all dem Unrat. Kämpfen Sie gegen die Verzweiflung an, falls Sie dafür anfällig sind. Jagen Sie die Depression aus Ihrem Innern, wie Sie einen Einbrecher aus Ihrem Haus jagen würden. Verschließen Sie die Tür vor Ihren Feinden, und halten Sie sie verschlossen. Erwarten Sie nicht, dass die Fröhlichkeit Ihnen einfach zuteil wird; Sie müssen sich schon um sie bemühen, ihr immer wieder neue Nahrung geben, und dürfen Sie niemals loslassen.

Viele Menschen haben das Problem, dass ihnen nicht klar ist, wie sie sich von ihren Schmerzen, Leiden und Ängsten befreien und einfach nur genießen sollen. Sie ertragen es nicht, innerlich loszulassen. Sie hängen an Gefühlen und Stimmungen wie törichte Leute an einem alten Lappen oder irgendeinem Fetzen hängen, den sie nicht wegwerfen, sondern mit anderem unnützen Zeug auf dem Speicher stapeln.

Wir bringen es nicht fertig, unsere Feinde loszulassen. Offenbar sind wir außer Stande, uns von dem zu trennen, was uns beklemmt, irritiert, ärgert und doch nie irgendwelche Vorteile verschafft.

Wir spannen Muskeln und Nerven derart an, dass es für uns das Schwierigste überhaupt ist, etwas fallen zu lassen. Wir reiben uns auf, sind beunruhigt und wütend, verfolgt von den Gespenstern der Sorge, der Angst und der Geschäftigkeit – anstatt einfach nur auszuruhen.

Uns schmerzt der Rücken, weil wir ebenso überflüssige wie lächerliche Bürden herumtragen. Wir schleppen schweres Gepäck und Plunder, die keinen Nutzen bringen, dafür aber unsere Kraft rauben und uns ohne jeden Zweck ständig ermüden und auslaugen.

Wenn wir nur endlich lernen könnten, die wertvollen Dinge festzuhalten und alles Unnötige, das uns extrem behindert, abzuwerfen – dann würden wir nicht bloß Fortschritte machen, sondern auch feststellen, dass unser Leben weitaus glücklicher und harmonischer ist.

* * *

Heute werde ich ...

> ... die Waffen strecken und eine „Anti-Stress-Pause“ einlegen. Wenn die Probleme mich überfordern, mir unüberwindlich und unlösbar erscheinen, ist es durchaus in Ordnung, die Arme zu heben und zu sagen: „Okay, das war’s für heute!“ – Hören Sie auf, Probleme zu wälzen, die sich im Grunde nicht von der Stelle rühren, sonst machen Sie sich am Ende selbst kaputt.

... nötigenfalls Hilfe von außen in Anspruch nehmen. – Sie müssen nicht alle Antworten kennen, brauchen nicht perfekt zu sein. Bitten Sie einen anderen Menschen um Beistand; dadurch werden Sie von dem Zwang befreit, keine Fehler zu machen, und Ihr Gegenüber hat die Möglichkeit, sich als wertvolles Mitglied der Gemeinschaft zu fühlen.

... mich daran erinnern, dass Versagen nicht immer auf mangelnde Ausdauer zurückzuführen ist, sondern manchmal auch auf die Unfähigkeit, innerlich loszulassen.

11.
Im Hier und Jetzt leben

Glücklich jener Mensch und er allein,
Der sagen kann: Das Heute ist ganz mein;
Und sorglos, sicher seine Stimm' erhebt:
Mach morgen, was du willst, denn ich hab' heut' gelebt.
John Dryden

Wenn der Bewohner eines anderen Planeten die Erde besuchen sollte, würde er feststellen, dass nur wenige Menschen tatsächlich im Hier und Jetzt leben. Er würde merken, dass die meisten den Blick auf etwas dahinter, auf die Zukunft richten. Sie befinden sich nicht wirklich in der Gegenwart, erfahren nicht wirklich den Augenblick. Stattdessen sprechen sie vom morgigen Tag oder vom nächsten Jahr, wenn die Geschäfte besser laufen, ihre Reichtümer größer sein werden, wenn sie in ihr neues Haus einziehen, ihre neuen Möbel, ihr neues Auto bekommen werden, wenn sie sich von dem befreien werden, was sie jetzt noch stört, und all das um sich haben werden, was ihnen behagt. Dann werden sie glücklich sein. Aber am heutigen Tag haben sie keine echte Freude.

Wir konzentrieren uns derart auf die Zukunft, auf ein jenseitiges Ziel, dass wir die ringsum vorhandenen Herrlichkeiten gar nicht wahrnehmen. „Es gibt so etwas“, sagte

Uncle Eben, „wie zu viel Weitblick. Die Leute malen sich aus, was im übernächsten Jahr geschehen mag, lassen dabei das Feuer ausgehen und sterben dort, wo sie gerade sind, an Unterkühlung."

Wir haben uns so sehr daran gewöhnt, eine bestimmte Erwartungshaltung zu haben, dass unsere Augen sich offenbar nicht auf die nahen Dinge richten können, sondern nur auf die fernen. Wir leben immerzu für das Morgen und verlieren dadurch viel von der Kraft, die wir für den Genuss des Heute benötigten. Und dann kommt das Morgen, aber es hat lediglich ein weiteres Morgen zur Folge.

Wir sind wie Kinder, die einem Regenbogen hinterherjagen. Wenn wir ihn bloß erreichen könnten, welch ein Entzücken! Nie glauben wir, die besten Jahre bereits erreicht zu haben, nein, wir sind uns sicher, die ideale Zeit des Lebens werde erst noch kommen. Und während wir warten, bauen wir ein Luftschloss nach dem anderen.

Jener Besucher von einem fremden Planeten würde auch Menschen vorfinden, die an der Vergangenheit mit ihren großartigen, aber leider verpassten Gelegenheiten festhalten und ständig darüber nachgrübeln.

Es ist erstaunlich, welche neuen Tugenden und Stärken wir im reuevollen Rückblick entdecken können – also in dem Moment, da sie für uns unerreichbar geworden sind. Welch wunderbare Möglichkeiten sich in unserem Geist auftun, nachdem sie in der Wirklichkeit gar nicht mehr bestehen! Wie gut wir sie nutzen würden, wenn sie sich uns noch einmal böten!

Um glücklich zu sein, müssen wir lernen, alles, was unangenehm ist, was leidige Erinnerungen wachruft, loszulassen, auszulöschen, zu vergessen. Diese Dinge bringen uns nichts, zehren nur unsere Lebenskraft auf, die wir brauchen, um die eigenen Fehler und Missgeschicke zu korrigieren.

Warum sollten Sie sich unglücklich machen, indem Sie in der Vergangenheit leben, auf Ihren früheren Irrtümern herumreiten, bedauern, jene Gelegenheiten nicht ergriffen zu haben, die Sie Ihrer Meinung nach reich gemacht hätten – oder indem Sie sich die Schuld an Verletzungen geben, die jemand anders Ihnen zugefügt hat?

Ich kenne keinen Menschen, der irgendein lohnendes Ziel dadurch erreichte, dass er sich zwanghaft auf die Vergangenheit besann, seine Fehler sowie unzählige andere Mängel kritisierte und beklagte, die längst nicht mehr aktuell sind.

Es bedarf jedes Funkens Energie, den Sie aufbringen können, damit Ihr Leben erfolgreich verläuft; Sie können Ihre Aufmerksamkeit nicht effektiv – das heißt mit der nötigen Schaffenskraft – auf die Gegenwart richten, wenn Sie an die Vergangenheit denken oder darin leben.

Sobald Sie auch nur ein wenig Mühe auf etwas verwenden, das Sie nicht ändern können, vergeuden Sie Ihre Kraft und haben viel weniger davon aufzubieten, um Ihre früheren unglücklichen Fehler wieder gutzumachen und Ihre künftigen Aufgaben zu meistern. Jeder Anteil an innerer Stärke, den die Reue aufzehrt, ist mehr als verschwendet. Wie bedauerlich oder düster die Vergangenheit auch gewesen sein mag – sie sollte und kann tatsächlich überstanden werden.

Befreien Sie sich von den finsteren, bedrohlichen und traurigen Bildern in Ihrem Kopf. Diese entmutigen Sie nur und hindern Sie daran, in der Gegenwart gute Arbeit zu leisten. Löschen Sie aus dem Gedächtnis Ihre misslichen Fehlurteile, vergessen Sie die unheilvollen Erfahrungen, egal, wie sehr Sie dadurch gedemütigt oder beeinträchtigt wurden. Verzeihen Sie sich Ihre Fehler und beschließen Sie, es in Zukunft besser zu machen.

Nichts ist törichter oder schlimmer, als die Gespenster der Vergangenheit, die schrecklichen Vorstellungen, unsinnigen Handlungen und leidigen Erfahrungen von früher in die heutige Arbeit hineinzuziehen und diese dann zu verderben. Vielleicht waren Sie bis zum jetzigen Zeitpunkt ein Versager, aber in Zukunft können Sie Wunder vollbringen, wenn es Ihnen nur gelingt, die Vergangenheit loszulassen, ihr für immer einen Riegel vorzuschieben und einen neuen Anfang zu wagen.

Wenn Ihre Vergangenheit einen Schatten auf die Gegenwart wirft und Sie in Melancholie oder Verzweiflung stürzt, wenn sie Ihnen in keiner Weise hilft, dann gibt es nicht einen Grund, sich ihrer ständig zu erinnern, aber tausend Gründe, sie so tief zu begraben, dass sie nie wieder auferstehen kann.

Eine der dümmsten, geistlosesten Unternehmungen, deren ein Mensch sich je schuldig macht, besteht darin, das Unveränderliche – ob in der Vergangenheit oder in der Zukunft – ändern zu wollen. Unsere Gelegenheiten, spontan glücklich zu sein, werden durchkreuzt von Erinnerungen an fatale Irrtümer und bittere Erfahrungen – oder von hochgeschraubten Erwartungen hinsichtlich einer besseren Zukunft.

Wenn wir jemals Glück empfinden, dann deshalb, weil wir es gewissermaßen schmieden aus unseren momentanen Umständen mit all ihren Ärgernissen, Sorgen und Enttäuschungen. Wer nicht lernt, Glück zu schöpfen aus dem Alltag – aus der Arbeit mit ihren Prüfungen, Konflikten, Hindernissen, kleineren und größeren Störungen und Rückschlägen –, wird das große Geheimnis des Lebens verfehlen, das da lautet: Gerade aus den üblichen Pflichten, aus den Spannungen und Mühen und Kämpfen, aus diesem ständigen Feilschen beim Kaufen und Verkaufen müssen wir den Nektar des Lebens saugen.

Die Welt ist voll unerforschter „Glücksminen". Wohin wir auch gehen, können wir alle möglichen Stoffe finden, die Glück erzeugen, wenn wir entschlossen sind, dies auch geschehen zu lassen. „Alles ist lohnenswert, wenn wir es nur ergreifen und seine Bedeutung erfassen. Die halbe Lebensfreude liegt in den kleinen Dingen, die wir unterwegs mitnehmen."

Halten Sie je inne, um sich bewusst zu machen, dass die Zeit, die Sie gerade totzuschlagen versuchen, genau die Zeit ist, auf die Sie sich einmal sehr gefreut haben und die Ihnen damals so kostbar erschien; dass die Augenblicke, die jetzt derart schwer auf Ihnen lasten, die gleichen sind, die Sie früher erst dann loslassen wollten, wenn Sie jedem davon sämtliche Möglichkeiten abgerungen hätten?

Warum kommt Ihnen das aus jugendlicher Perspektive erspähte Paradies heute wie eine öde Wüste vor? Weil Ihr Blick verzerrt ist. Sie betrachten Ihre Umgebung von einem falschen Standpunkt aus. Sie sind enttäuscht, unzufrieden und unglücklich, weil Sie bislang nicht den sagenhaften Goldkelch am Fuß des Regenbogens entdeckt haben. Und so beklagen Sie mutlos Ihr Schicksal und verschwenden Ihre Zeit, die, richtig genutzt, die angebliche Wüste vor Ihren Augen in das Paradies Ihrer frühen Träume umwandeln könnte.

Unser Leben lässt sich nicht abtrennen von der Zeit. Warum verschwenden wir diese auf so übertriebene und gedankenlose Weise, zumal in der Jugend, wo wir doch so zäh am Leben festhalten wollen? Eine vertane Stunde ist eine verlorene Stunde des Lebens. Wer seine Zeit vergeudet, vergeudet sein Leben. Wer dagegen seine Zeit besser nutzt, wird zwangsläufig auch sein Leben verbessern.

Wie wenig Menschen erkennen je die Identität von Leben und Zeit! Offenbar meinen sie, ihre Zeit auf jede törichte Art – ja sogar in der völligen Zerstreuung oder Ausschweifung – vergeuden zu können, ohne dabei ihr Leben zu vergeuden. Aber beide sind untrennbar miteinander verknüpft. Vergessen Sie nicht: Wenn Sie einen Abend oder ganzen Tag verschleudern oder, viel schlimmer noch, dabei solchen Vergnügen frönen, die Ihren Charakter verderben, so dass Sie üble Gewohnheiten annehmen, dann werfen Sie absichtlich einen Teil Ihres Lebens weg. Später, im Alter, werden Sie alles dafür geben, diese verschwendete Zeit zurückzubekommen.

Oft ist unser Leben deshalb so karg und armselig, so enttäuschend und fruchtlos, weil wir nicht wirklich in der Gegenwart leben. Wir konzentrieren unsere Energie, unsere Aufmerksamkeit, unseren Ehrgeiz, unsere Begeisterung nicht auf den Tag, der gerade verstreicht.

Es gibt nur ein Mittel, wirklich zu leben – nämlich jeden Morgen mit dem festen Vorsatz zu beginnen, dass man aus dem Tag das Beste herausholt und ihn voll auskostet. Ganz gleich, was passiert oder nicht passiert – beschließen Sie, aus jeder Erfahrung einen Vorteil zu ziehen, der Sie klüger macht und Ihnen zu erkennen gibt, wie Sie morgen weniger Fehler begehen. Sagen Sie sich:

„Heute fange ich ein neues Leben an. Ich werde alles vergessen, was mir in der Vergangenheit Schmerz, Kummer oder Schande bereitet hat."

Treffen Sie jeden Morgen die Entscheidung, aus diesem Tag das Beste herauszuholen – und nicht aus einem Tag in der Zukunft, wenn Sie besser gestellt sind, eine Familie haben, wenn die Kinder erwachsen oder die eigenen Probleme gelöst sind. Sie werden nie alle Ihre Probleme lösen. Sie werden nie all das ausschalten können, was Sie ärgert, beunruhigt und in Ihrem Leben Spannungen hervorruft. Sie werden nie alle kleinen Feinde Ihres Glücks, die vielen unauffälligen Störungen, einfach abschütteln – aber Sie können aus dem, was ist, größten Nutzen ziehen.

Es genügt nicht, nur unter idealen Bedingungen glücklich zu sein. Das kann jeder. Gerade der selbstbeherrschte, innerlich ausgeglichene Mensch vermag noch der unfreundlichsten Umgebung Glücksgefühle abzutrotzen. „Das Paradies ist entweder hier oder nirgendwo. Du musst deine Freude in dir tragen, sonst findest du sie niemals."

Unser Problem besteht darin, dass wir den großen Ereignissen, dem Ausgefallenen, zu viel Bedeutung beimessen und jene gewöhnlichen Blumen am Wegrand übersehen, die uns süßen Duft, Trost und Freude schenken könnten. Nur diejenigen sind glücklich, die gelernt haben, ihr Glück nicht aus idealen sondern aus konkreten Bedingungen abzuleiten. Wer dieses Geheimnis kennt, wird nicht solange warten, bis die Verhältnisse ideal sind; nicht bis zum nächsten Jahr, bis zum folgenden Jahrzehnt, um reich zu werden, um ins Ausland zu reisen, um sich die Werke großer Meister leisten zu können.

Vielmehr wird er aus seinem heutigen Leben das Beste machen – genau an der Stelle, wo er sich gerade befindet.

Ich kannte einmal eine Frau, die eines ihrer Kinder, ihren Mann und fast sämtliche Verwandten verloren hatte. Ihre Lebensumstände waren alles andere als ideal. Sie betete dafür, dass der Tod sie nun von ihrem schrecklichen Leiden erlösen möge. Aber schließlich fand sie einen Weg, ihre allem Anschein nach verzweifelte Lage zu meistern, eine Wüste in ein Land der Milch und des Honigs zu verwandeln. Ihr wurde nämlich bewusst, dass sie durch ihr tiefes Leid gelernt hatte, andere Menschen zu trösten. Bald war sie wieder froh und glücklich. Die Welt erschien ihr nicht mehr so düster, das Leben nicht mehr so sinnlos, wie sie gedacht hatte. Es gab zu viele Leute, die ihrer Fürsorglichkeit bedurften.

Beschließen Sie, den heutigen Tag zu genießen. Lassen Sie nicht zu, dass die unheilvollen Schatten der Zukunft, die bösen Vorahnungen und Befürchtungen Sie dessen berauben, was Sie heute besitzen – nämlich das unveräußerliche Recht, heute glücklich zu sein.

Führen Sie ein offenes Selbstgespräch, indem Sie sich sagen: „Ungeachtet dessen, was heute kommt und geht, was passiert oder nicht passiert, weiß ich Eines mit Sicherheit, nämlich dass ich von diesem Tag so viel wie möglich empfangen werde. Ich lasse nicht zu, dass irgendein Umstand mich meines Glücks oder meines Rechts beraubt, diesen Tag von Anfang bis Ende voll auszuleben – und nicht bloß zu existieren.

Es ist mir gleichgültig, was geschieht; ich werde nicht erlauben, dass irgendeine Begebenheit, Situation oder Störung, mit der ich heute vielleicht konfrontiert bin, mir meinen Seelenfrieden nimmt. Ich werde in den nächsten vierundzwanzig Stunden nicht unglücklich sein, was immer auch vorfallen mag. Ich werde diesen Tag zutiefst genießen und ganz ausleben. Er wird ein vollkommener Tag meines Lebens sein. Ich werde ihn durch die Feinde meines Glücks nicht kaputt machen lassen. Kein kleines oder großes Unglück, das mir in früheren Tagen widerfahren ist, kein Feind meines Glücks oder meiner Leistungsfähigkeit wird heute zu Gast sein an dem heiligen Ort meiner Seele. Nur freudige, glückliche Gedanken, nur die Freunde meines Friedens und meines Wohls, meines Glücks und meines Erfolgs werden an diesem Tag Aufnahme finden in meinem Geist. Keiner meiner Feinde wird dort Zutritt erhalten, um abscheuliche Botschaften auf die Wände meines Denkens zu kritzeln. Heute wird dort geschrieben stehen: „Zutritt verboten“, lediglich die Freunde meiner besten Stimmungen dürfen passieren. Ich werde die düsteren Bilder im Innern herunterreißen und Bilder der Freude sowie solcher Gefühle aufhängen, die mich ermutigen, aufmuntern und meine Kraft steigern. Alles, was mich in meinem Leben behinderte, unruhig und unglücklich machte, wird – zumindest für diesen Tag – aus meinem Gedächtnis gestrichen.“ Wenn dann der Abend kommt, kann ich sagen: „Heute habe ich wirklich gelebt.“

Jeden Morgen ein reiner, neuer und zuversichtlicher Anfang wie dieser wird Ihre Einstellung zum Leben sehr schnell grundlegend ändern und Ihnen ein hohes Maß an Kraft verleihen. Es geht einfach nur darum, des eigenen Gehirns Herr zu werden, in dessen weiches Gewebe neue Gedankengänge einzuziehen und den Weg für eine neue Gewohnheit zu ebnen, die Glück verspricht.

Die meisten Menschen handeln jedoch leider so, als wäre es angemessen und richtig, fast überall zu leben – außer im Hier und Jetzt.

Beginnen Sie jeden Tag in der stillschweigenden Übereinkunft mit sich selbst, dass Sie – was auch kommen oder ausbleiben mag, ob Sie bei Ihrem speziellen Unternehmen schließlich Erfolg haben oder nicht – wenigstens im Fortgang glücklich sein können und dass Sie sich die Freude, die Ihnen jeden Tag zuteil werden sollte, durch nichts nehmen lassen. Beschließen Sie, dass kein Zufall oder Zwischenfall, keine noch so schwierige Bedingung den natürlichen Fluss Ihres Wohlbefindens und Glücks unterbrechen kann.

Vergessen Sie nicht: Das Gestern ist tot, das Morgen noch nicht geboren. Die einzige Zeit, die Ihnen gehört, ist der vergehende Augenblick. Errichten Sie beherzt eine Mauer um das Heute und wohnen Sie innerhalb dieser Einfriedung. Die Vergangenheit mag hart, traurig oder voller Mängel gewesen sein, nun aber ist sie vorbei.

Vergleichen Sie die sechzig Minuten einer Stunde mit einer Art von Blume, die nur sechzig Minuten lebt und dann abstirbt. Wenn Sie diese Blume jetzt nicht genießen, werden Sie nie mehr Gelegenheit dazu haben.

Gewiss, in der nächsten Stunde taucht eine weitere Blume auf, aber allein diese hier ist verfügbar, bereitet Ihnen gegenwärtig Freude.

* * *

Heute werde ich ...

... hellsichtig sein und auf jene Freuden achten, die sich mir hier und jetzt bieten; auf die kleinen wie auch auf die großen Augenblicke, die mich beglücken; auf die Menschen ringsum, die momentan ebenfalls versuchen, in ihrem Leben einen Sinn zu finden, denen ich Aufmerksamkeit schenken und Beistand leisten kann.

... mir bewusst machen, dass die Vergangenheit vorbei und die Zukunft noch nicht eingetreten ist; dass die früheren Möglichkeiten nicht mehr bestehen und dass die Worte, die ich lieber verschwiegen hätte, ausgesprochen wurden ... Aber die gestrigen Gefühle von Reue wie auch die glücklichen Erinnerungen an vergangene Begebenheiten können die Lektionen des heutigen Tages sein. Wie der englische Dichter William Wordsworth schrieb: „Obwohl nichts zurückbringen kann die Stunde der Herrlichkeit im Gras, der Pracht in der Blume, werden wir nicht trauern, sondern Kraft finden in dem, was bleibt."

... mir die Fragen stellen: Wenn ich nicht im Heute lebe, wann werde ich dann leben? Wenn ich nicht aus diesem Tag alle Glücksmomente ziehe, woraus soll ich sie dann ziehen?

... das Gestern loslassen. – Jeder Tag ist ein neuer Anfang. Egal, wie viele Irrtümer Ihnen unterlaufen sind, wie viele Misserfolge Sie verkraften mussten –

heute kann etwas Neues beginnen. Als Jesus von Petrus gefragt wurde: „Herr, wie oft muss ich denn meinem Bruder, der an mir sündigt, vergeben? Ist's genug sieben Mal?", antwortete jener: „Ich sage dir: nicht sieben Mal, sondern siebzig Mal sieben Mal." (Matthäus 18,21-22) Auch Sie können sich „siebzig Mal sieben Mal" sämtliche Fehler verzeihen, die Sie Ihrer Meinung nach in der Vergangenheit gemacht haben, und loslassen. Niemand ist vollkommen; jeder hat schon Fehler gemacht. Heute kann eine neue Zeit anbrechen.

... mir diesen Tag als eine Blume vorstellen, die nur für vierundzwanzig Stunden blüht. Ich kann sie genießen und jeden ihrer betörenden Düfte einatmen, sie jemandem schenken und ihre Schönheit teilen – oder sie ignorieren. Mir bleibt die Wahl. – Wie werden Sie sich entscheiden?

12.
Die Alchemie eines fröhlichen Gemüts

Ein fröhliches Herz macht ein fröhliches Angesicht ...
Wer guten Mutes ist, hat ein tägliches Fest.
Die Sprüche Salomos 15,13,15

Typischerweise meiden wir die Gesellschaft jener Menschen, die ständig murren, die viele Wenn und Aber oder solche Sätze wie „Ich hab's dir doch immer schon gesagt" vorbringen, die dauernd ihre schwierige Situation, ihr hartes Los beklagen. Wir fühlen uns eher zu denen hingezogen, welche die Sonnenseite des Lebens sehen können, ob die Sonne scheint oder nicht.

„Wundersam ist die Kraft der Fröhlichkeit", sagte Thomas Carlyle, „deren Potenzial sich überhaupt nicht abschätzen lässt. Damit Bemühungen anhaltenden Nutzen bringen, müssen sie uneingeschränkt von Freude getragen werden, von einem völlig heiteren Geist, anmutig durch die Wonne selbst, schön weil strahlend."

Es ist zutiefst deprimierend, mit einer Miene herumzugehen, die zu verstehen gibt, dass das Leben eine einzige Enttäuschung war – und niemals eine helle Freude. Einige Leute haben die Eigenart, überall nur Arglist, Böses und Unangenehmes zu sehen. Sie neigen dazu, die falschen Tasten anzuschlagen. Dem edelsten Instrument entlocken sie nur Missklänge. Dauernd geben sie trübsinnige Töne von sich. All ihre Lieder sind in Moll. Jeder Blick ist gesenkt. In ihren Vorstellungen herrschen die Schatten vor – nichts Lichtes, Fröhliches, Schönes umgibt sie. Ihre Einstellung ist stets düster: die Zeiten sind immer hart und das Geld ist immer knapp. In ihrem Innern wie in ihrem Leben scheint sich alles zusammenzuziehen; nichts strömt aus, entwickelt und erweitert sich.

Nehmen wir zwei Personen, die gerade aus den Ferien zurückgekehrt sind. Die eine hat eindeutig nichts gesehen und wurde ständig um etwas gebracht: die Pensionswirtin war eine Hexe, das Zimmer fürchterlich und das Hammelfleisch steinhart. Die andere Person dagegen hat die gemütlichsten Winkel, die herrlichsten Ausblicke, die billigsten Hotels entdeckt, die nettesten Besitzer kennen gelernt und die besten Abendessen verspeist.

Oder denken wir an jenen Geistlichen, der bekannt dafür war, dass er in jedem Gottesdienst seinen Dank für einige besondere Wohltaten zum Ausdruck brachte. Er schien genauso fröhlich und optimistisch wie immer, obwohl ihm während seines ganzen Lebens alle Arten von Schicksalsschlägen widerfahren waren und er alles verloren hatte, was ein Mensch nur verlieren kann – jedes Mitglied seiner Familie, sein Zuhause, sein Eigentum, seine Gesundheit. Seine Freunde fragten sich und ihn, wofür er eigentlich dankbar sein könne, und er antwortete: „Auch wenn ich alles in der Welt verloren habe, danke ich doch dem Herrn, dass ich zwei Zähne übrig habe, die zudem noch einander gegenüber liegen.“

Solche Menschen, die gelernt haben, sich mit einer Aura von Frieden und Harmonie zu umgeben, ungeachtet der rings herrschenden Zwietracht und Dissonanz, haben die höchste Lektion geistiger Kultur gelernt.

Und wie sehr es uns erfreut, heitere Seelen willkommen zu heißen! Nie sind wir zu beschäftigt, um sie zu sehen. Es gibt nichts, was wir mehr begrüßen als Sonnenschein.

„Das frohe Herz schafft sich seinen eigenen blauen Himmel“, sagt man. Wie wahr! Wir alle wissen, dass der Tag sich mit uns zu freuen scheint, wenn wir fröhlich sind. Es ist, als spiegelten Sonne und Blumen unsere Freude wider. Wenn wir hingegen deprimiert und melancholisch sind, nimmt die ganze Natur genau diesen Ausdruck an. Selbstverständlich ändert sie sich nicht wirklich, aber die scheinbare Änderung kommt uns doch gewaltig vor.

Ralph Waldo Emerson schrieb: „Hänge dir kein trostloses Bild an die Wand und behandle im Gespräch keine düsteren und traurigen Themen.“

Wir sind dazu bestimmt, Harmonie, Schönheit, Wahrheit, Liebe, Glück zum Ausdruck zu bringen, nicht Missklang, Hässlichkeit, Lüge, Hass, Unglück; Ganzheit und nicht Halbheit; Vollkommenheit und nicht Unvollkommenheit. Der Geist wurde uns nicht gegeben, damit wir dort Gedanken speichern, die uns bedrücken. Er war als Aufenthaltsort für die Götter vorgesehen, als Schatzkammer für hohe Ziele und edle Bestrebungen.

Weigern Sie sich, trübsinnig zu sein. Kopf hoch! Lösen Sie sich von Ihren Problemen. Grübeln Sie nicht mehr darüber nach. Denken Sie vielmehr an die herrlichen Dinge des Lebens. Es braucht nur einen Tropfen Öl, um das Quietschen einer Achse oder Angel abzustellen. Ähnlich bedarf es nur einiger Sonnenstrahlen, um die Schatten zu vertreiben.

Denken Sie mit Dankbarkeit an die angenehmen Dinge, die Sie besitzen, und seien Sie vergnügt. Egal, welche Fallgruben vor Ihnen auftauchen mögen, welche Armut, welches Unglück Ihnen vielleicht droht – vergessen Sie nicht, dass man so lange nicht wirklich scheitern kann, wie man seine Fröhlichkeit, seine positive Einstellung nicht verloren hat. Erst wenn man ständig eine düstere Miene aufsetzt, zeigt man, dass die Hoffnung einen verlassen hat, dass das Leben eine Enttäuschung war.

Was für ein wunderbares Geschenk, in jene mentale Alchemie eingeweiht zu sein, die selbst Armut wohltuend erscheinen lässt oder die groteske Seite des Unglücks beleuchtet. Schließlich ist es leicht, heiter und optimistisch zu sein, wenn man sich einer robusten Gesundheit und eines großen Vermögens erfreut, aber es bedarf heroischer Eigenschaften, in den gleichen inneren Zustand zu gelangen, wenn die äußeren Bedingungen entmutigend sind und die angeschlagene Gesundheit den Ehrgeiz bremst.

Entwickeln Sie die Fähigkeit, mit streitsüchtigen und ärgerlichen Leuten auszukommen; gelassen zu bleiben in Gegenwart jener Menschen, die glauben, es sei ihre gottgegebene Pflicht, Fehler zu erkennen, und sie besäßen die besondere Gabe, andere zurechtzuweisen. Die Prüfung des Charakters besteht in dieser Fähigkeit, selbst unter Beschuss fröhlich, heiter und hoffnungsvoll zu bleiben.

Ein Mann, der durch einen scharfen Artikel in der New Yorker Herald Tribune beleidigt wurde, suchte das Verlagsgebäude auf und wollte den betreffenden Redakteur sprechen. Er wurde in ein kleines Büro geführt, wo Horace Greely saß, den Kopf dicht über ein Blatt gebeugt, auf das er etwas kritzelte. Der wütende Mann fragte den Anderen, ob er Mr. Greeley sei. „Ja, Sir; was möchten Sie?“, erwiderte der Journalist schnell, ohne von seinem Papier aufzuschauen. Der aufgebrachte Besucher redete wild drauf los und ließ sich von den Regeln des Anstands, des guten Benehmens oder der Vernunft nicht zurückhalten. In der Zwischenzeit schrieb Mr. Greeley weiter. Ungestüm warf er eine Seite nach der anderen hin, ohne die Miene zu verziehen und ohne dem Gegenüber die geringste Aufmerksamkeit zu schenken. Schließlich, nach etwa zwanzig Minuten, in denen die heftigste Schelte überhaupt in einem Redaktionsbüro niedergegangen war, wandte sich der Mann empört ab, um hinauszugehen. Zum ersten Mal blickte Mr. Greeley auf, erhob sich von seinem Stuhl und sagte mit angenehmer Stimme, während er dem Herrn vertraulich auf die Schulter klopfte: „Gehen Sie nicht, lieber Freund; nehmen Sie Platz, kommen Sie zur Ruhe; das wird Ihnen gut tun, und danach werden Sie sich besser fühlen. Außerdem hilft es mir, über meinen Text nachzudenken, an dem ich gerade schreibe. Bleiben Sie.“

Gehen Sie deprimiert und unglücklich durchs Leben – oder erheben Sie sich über die kleinen Ärgernisse, die den geistigen Frieden so vieler Menschen zerstören? Erlernen Sie die feine Kunst, an allen Menschen und Dingen Freude zu haben. Saugen Sie wie die Biene den Nektar aus jeder Blüte. Gewöhnen Sie sich an, aus jeder Erfahrung Nutzen zu ziehen. Sie können von jedem Menschen, den Sie treffen, etwas bekommen, das Ihnen helfen und Ihr

Leben bereichern wird. Jede Erfahrung kann irgendjemandem Vorteile bringen. Warum nicht Ihnen?

Eine Geschäftsfrau erzählte mir von ihrem folgenden interessanten Experiment: „Eines Morgens ging ich zur Arbeit mit dem festen Entschluss, es einmal mit der Macht des fröhlichen Denkens zu versuchen (ich war lange genug launisch, verdrossen und entmutigt gewesen). Ich sagte mir: 'Oft schon habe ich beobachtet, dass eine glückliche Gemütsverfassung eine wunderbare Wirkung auf mein Äußeres ausübt, also werde ich diese Wirkung auch bei anderen Menschen ausprobieren und darauf achten, ob mein richtiges Denken sie beeinflusst.' Sie sehen, ich war neugierig. Als ich den Weg fortsetzte, mein Ziel immer entschiedener ins Auge fasste und unbeirrt daran glaubte, dass ich glücklich sei, dass die Welt mich gut behandelte, stellte ich überrascht fest, in welch gehobener Stimmung ich mich befand. Meine Körperhaltung war aufrechter, mein Schritt leichter, und ich hatte das Gefühl, einfach dahinzuschweben. Unbewusst lächelte ich, denn ein oder zwei Mal ertappte ich mich dabei. Ich schaute in das Gesicht der Frauen, an denen ich vorbeiging, und sah dort so viel Ärger, Sorge, Unzufriedenheit, ja sogar Verdruss, dass ich Mitleid mit ihnen empfand und wünschte, ihnen ein klein wenig von dem Sonnenschein zukommen zu lassen, der mein Inneres fühlbar durchströmte.

Als ich im Büro eintraf, grüßte ich die Buchhalterin mit irgendeiner beiläufigen Bemerkung, die ich unter anderen Voraussetzungen keinesfalls hätte machen können. Ich bin an sich nicht sehr geistreich, aber sofort bestand für den Rest des Tages ein angenehmer Kontakt zwischen uns; sie hatte meine Ausstrahlung aufgenommen. Der Direktor der Firma, ein sehr betriebsamer Mann, ständig in Sorge um seine geschäftlichen Angelegenheiten, äußerte sich über meine Arbeit, und ein Punkt hätte mich normalerweise ziemlich verletzt (da ich von Natur her und aufgrund meiner Erziehung allzu empfindlich bin); aber ich hatte beschlossen, dass dieser Tag durch nichts zu trüben sei, also antwortete ich ihm freundlich. Seine Miene hellte sich auf, und ein weiterer angenehmer Kontakt war hergestellt; so verlebte ich den ganzen Tag, ohne zu gestatten, dass irgendein Schatten auf ihn fiele und mir oder den Kollegen seine Schönheit verderbe. Abends dann in meinem netten Zuhause ging es genauso weiter; wo ich vorher ein Gefühl von Entfremdung und ein starkes Bedürfnis nach Zuneigung empfunden hatte, stieß ich auf Sympathie und herzliche Freundschaft. Die Menschen kommen einem auf halbem Weg entgegen, wenn man die Mühe auf sich nimmt, so weit zu gehen.

Wenn man demzufolge meint, die Welt behandle einen nicht freundlich, sollte man keinen Tag länger warten und sich sagen: ‘Selbst wenn die Dinge nicht in der Weise laufen, wie ich es gerne hätte, werde ich für andere Menschen da sein und auf den Wegen all derer, denen ich begegne, Sonnenschein verbreiten.’ Man wird Glück finden, das um einen herum wie Blumen hervorsprießt, und nie der Freunde oder der Gesellschaft ermangeln. Vor allem aber wird der Friede Gottes in der eigenen Seele ruhen.“

Keine Gewohnheit ist befriedigender als jene, die alchemistische Verbindung des Glücks herzustellen. Sie verwandelt Prosa in Poesie, Hässlichkeit in Schönheit, Dissonanz in Harmonie. Das menschliche Herz sehnt sich weniger nach Geld als nach Liebe, Sympathie und Fröhlichkeit, und dank der Alchemie des Glücks können Sie diese immer ausstrahlen.

Jemand schrieb: „Glück, Lachen und Frohsinn – verstreu sie auf all deinen Wegen wie Rosen. Bekunde sie anstelle von Vorwürfen und Ressentiments. Tausche sie aus gegen versteckte Andeutungen und Klagen. Nimm sie morgens mit zu deinen Kollegen und bring sie mittags oder abends zurück zu deinen geliebten Menschen. Teile sie im Büro und verschicke sie mit der Post. Trage sie zu den Kranken und hinterlasse sie bei den Unglücklichen. Erwärme überall und immer die kalten Straßen und Herde dieser Welt."

Ein fröhlich veranlagter Mensch, der sich über jede Abweisung, jeden Rückschlag lustig macht und sogar im Angesicht des Unglücks lacht, ist wahrhaft gesegnet. „Das Schicksal selbst muss dem frohen Menschen vieles zugestehen."

Sich lachend über Probleme hinwegsetzen zu können, ist ein größerer Schatz als der, den König Salomon besaß.

Und es ist ein Schatz, den wir alle in Reichweite haben.

* * *

Heute werde ich ...

> ... die Freude in mir tragen und an ihr festhalten, egal, wohin ich gehe oder was ich tue. Fröhlichkeit ist der Balsam, der die Leiden des Daseins lindert.
>
> ... mir das Motto der Sonnenuhr zu Eigen machen: „Ich zeige nichts anderes an als die Stunden des Sonnenscheins."

... mir bewusst machen, dass das Gute das Schlechte ausschließt, das Hohe das Niedere, der höhere Beweggrund den niedrigen, das stärkere Gefühl das schwächere; und dass das Gute dem Schlechten weit überlegen ist.

... mich daran erinnern, dass jede Erfahrung jemandem helfen kann – warum nicht auch mir selbst? Dies heißt nicht, dass jede Erfahrung angenehm ist, sondern dass man aus jeder Situation etwas lernen kann, das einem das Angenehme näher bringt – und die Gelegenheit bietet, es tatsächlich zu erfahren.

... in der Früh vor dem Spiegel im Bad oder im Schlafzimmer einen Moment innehalten und mir vergegenwärtigen, dass jener Mensch, den ich da gerade betrachte, der Einzige ist, der mich heute daran hindern kann, fröhlich zu sein.

Allegria inspiration

DR. JOSEPH MURPHY
Wie uns die Liebe heilt
Laminierter Pappband, 160 Seiten
€ [D] 10,– / € [A] 10,30
sFr 18,50
ISBN-13: 978-3-7934-2050-7
ISBN-10: 3-7934-2050-7

Liebe ist die subtile Ausstrahlung des Menschen, durch die er das Gefühl von Einssein mit allem Leben hat. Wenn der Mensch nach Liebe in anderen sucht, wird er sie auch finden. Wenn wir die Welt im richtigen Licht sehen, werden wir auch den Überfluß des Lebens finden…«

Joseph Murphy

Allegria
inspiration

NORMAN VINCENT PEALE
Positiv leben lernen
Laminierter Pappband, 160 Seiten
€ [D] 10,– / € [A] 10,30
sFr 18,50
ISBN-13: 978-3-7934-2061-3
ISBN-10: 3-7934-2061-2

Norman Vincent Peale gilt als Mitbegründer des Positiven Denkens und war der geistige Lehrer von Dale Carnegie. Der amerikanische Geistliche starb 1994 im Alter von 94 Jahren, nachdem er bis in seine letzten Monate gelehrt und geschrieben hatte. Mehr als vierzig Bücher sind von ihm erschienen und haben eine Weltauflage von über 50 Millionen erreicht. Neben der Marble Collegiate Church in Manhattan, in der er über vierzig Jahre lang predigte, steht zur Erinnerung an ihn eine Bronzestatue.